KB234688

아브라함의
여행

아브라함의 여행

정연웅 지음

한국학술정보㈜

　그동안 한국 교회의 대다수의 목회자들은 아브라함을 축복의 상징적인 인물로 부각시켜 가르쳐왔습니다. 때문에 한국 교회의 많은 성도들은 성서가 아브라함의 삶을 통해 보여 주고자 하는 메시지와는 상관없이 아브라함과 같은 복을 누리기만을 추구해 온 경향이 짙습니다. 정작 아브라함의 복이 무엇인지는 구체적으로 모른 채 말입니다.

　결국 이러한 단편적인 가르침과 일방적인 복의 추구는 한국 교회의 이기적 기복 신앙을 부추기는 데 지대한 공헌을 했으며, 한국 교회의 성도들이 바라보는 아브라함과 성서 속의 아브라함은 많은 차이를 낳게 되었다는 것이 필자의 생각입니다.

　하여 필자는 아브라함이 걸어갔던 삶의 성찰 없이 과연 아브라함의 복의 추구가 가능한 것인가라는 문제의식을 가지고 아브라함의 삶을 묵상하게 되었고 본서(書)를 집필하게 되었습니다.

　본서(書)는 창세기 12장부터 22장에 걸쳐 진행되는 아브라함의 이야기를 전체 31개의 장으로 나누어 한 달 동안 매일 1장씩 묵상하도록 구성하였습니다. 본서를 통해 독자는 지금까지 교회에서 배워왔던 아브라함과는 또 다른 아브라함의 모습을 만나게 될 것이며, 다양한 인생의 모습들도 함께 만나게 될 것입니다. 더 나아가 신앙과 의심,

비전과 현실 사이에서 고독한 갈등을 느끼는 이 시대의 '나'와 '너'를
만나게 될 것이며 우리의 삶의 자리 한복판에서 '나'와 '너'를 향해
말씀하시는 살아있는 하나님을 만나게 될 것입니다.

또한 본서는 개인과 그룹이 묵상교재로도 사용할 수 있도록 체계
적인 묵상 순서와 과정을 첨가하여 구성하였기에 기독교 신앙의 연
륜이 깊은 사람은 구약 성서의 정신을 좀 더 깊이 있게 성찰할 수 있
는 시각을 얻을 수 있을 것이며, 기독교 신앙을 처음 접하는 사람은
균형 잡힌 신앙관을 정립하는 데 도움을 받을 수 있을 것입니다.

부디 이 작은 묵상집이 한국 교회 성도들의 신앙과 삶의 자리에 작
지만 긴 울림이 되기를 소망해 봅니다.

2011년 11월
운암고실에서 정연웅

목차

3부 성숙한 인간으로 산다는 것은(나와 너, 그리고 우리)

1부

신앙으로 산다는 것은
(나, 그리고 너)

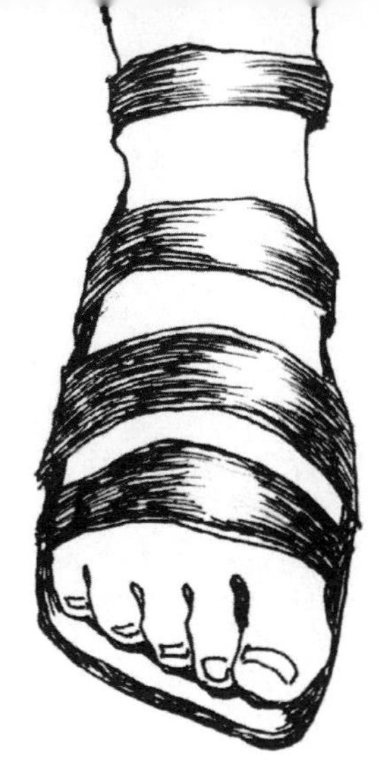

그분만 아시는 여행

<묵상 본문> 창세기 12:1~4

여호와께서 아브람에게 이르시되 너는 너의 고향과 친척과 아버지의 집을 떠나 내가 네게 보여 줄 땅으로 가라. 내가 너로 큰 민족을 이루고 네게 복을 주어 네 이름을 창대하게 하리니 너는 복이 될지라. 너를 축복하는 자에게는 내가 복을 내리고 너를 저주하는 자에게는 내가 저주하리니 땅의 모든 족속이 너로 말미암아 복을 얻을 것이라 하신지라. 이에 아브람이 여호와의 말씀을 따라갔고 롯도 그와 함께 갔으며 아브람이 하란을 떠날 때에 칠십오 세였더라.

<묵상 메시지>

아브람은 고향과 아비의 집을 떠나 하나님의 말씀을 따라 여행을 떠납니다. 그는 여행의 목적지가 어딘지도 모릅니다. 단지 그의 마음 속에 있는 것은 이 여행을 통해 하나님이 보여 주신 약속이 이루어질 것이라는 희미한 믿음뿐입니다. 그 약속이 구체적으로 어떻게 이루어져 갈지는 아무도 모릅니다. 또 여행 중에 어떤 일이 일어날지도 모릅니다. 사람들이 보기에 참으로 기가 막히고 어리석은 여행이 시작된 것입니다. 그러나 이 여행의 시작과 과정과 끝을 모두 알고 계시는 분이 있습니다. 바로 하나님이십니다. 그렇습니다. 아브람은 오직 하나님만이 알고 계시는 여행을 시작한 것입니다. 이런 의미에서 모든 그리스도인들은 하나님만이 알고 계시는 인생의 여행을 시작한 것이라 할 수 있지요.

영적 여행이란 바로 이런 것입니다. 목적지가 어딘지, 그 과정이 어떤 것인지 모르는 것입니다. 단지 알 수 있는 것은 여행의 목적입니다. 하나님이 보여 주신 약속, 단지 그것뿐입니다. 하나님은 그 약속에 대한 믿음이 희미할지라도 그 약속을 따라 길을 떠나는 여행자를 통해 당신의 섭리를 이루어 가십니다. 그분의 역사와 섭리는 참으로 어리석어 보입니다. 왜 그렇게 하지? 좀 더 합리적인 방법이 있을 텐데, 똑똑한 사람도 많을 테고, 하나님의 섭리를 좀 더 쉽게 이루어 줄 수 있는 돈도 많고 권력도 있는 괜찮은 사람들이 많을 텐데 왜 굳이 느리고 답답해 보이는, 또 검증도 되지 않은 사람을 통해 이루어 가려 하실까?

하지만 하나님은 이러한 여행자를 찾고 계십니다. 모든 외적인 조건을 떠나 단지 희미한 믿음일지라도 그분의 약속의 말씀을 따라 이 세상이 소중히 여기는 것들을 내려놓고 길을 떠날 수 있는 사람, 바로 그 사람을 찾고 계십니다.

기독교인들이 욕먹는 이유는 한 가지입니다. 내려놓지 못하고 여행을 떠나려 하기 때문입니다. 내려놓지 않고 하나님의 복을 얻으려 하기 때문입니다. 천만 명의 교회 다니는 사람들이 있고 수천 개의 교회가 세워진다 해도 그 숫자들을 통해 하나님의 섭리와 역사가 이루어지는 것은 아닙니다. 하나님은 그중에 단 한 사람일지라도, 단 한 개의 교회일지라도 여행의 목적을 위해 하나하나 내려놓으며 길을 떠나는 바로 그 한 사람과, 그 한 교회를 통해 위대한 섭리를 이루시고 영광을 받으실 것입니다.

가슴 깊은 곳으로부터 울컥하고 한 모금의 분노를 토하고 싶어지는 시절을 살아갈지라도, 역설적이지만 부디 하루하루 하나님 나라를 향한 발걸음을 멈추지 마시길 두 손 모아 기도합니다.

〈Group 묵상 - P.I.M.S〉

* 찬양/ 성령의 임재를 위하여

* 나눔 Ⅰ(삶)/ 삶의 자리 속에서 보고 들은 사건, 생각, 심리변화

* 읽기(Perusing)/ 묵상 메시지를 읽고, 천천히 성서를 정독하기

* 찾기(Inquiring)/ 본문 속에서 하나님과 인생의 모습을 찾아 기록하기

* 묵상(Meditation)/ 나, 너, 그리고 우리의 자화상을 깨닫고 기록하기

* 나눔 II(Sharing)/ 묵상을 통해 얻은 깨우침을 나누고 기록하기

* 찬양과 기도

생각했던 현실을 넘어

<묵상 본문> 창세기 12:5~9

아브람이 그의 아내 사래와 조카 롯과 하란에서 모은 모든 소유와 얻은 사람들을 이끌고 가나안 땅으로 가려고 떠나서 마침내 가나안 땅에 들어갔더라. 아브람이 그 땅을 지나 세겜 땅 모레 상수리나무에 이르니 그때에 가나안 사람이 그 땅에 거주하였더라. 여호와께서 아브람에게 나타나 이르시되 내가 이 땅을 네 자손에게 주리라 하신지라 자기에게 나타나신 여호와께 그가 그 곳에서 제단을 쌓고 거기서 벧엘 동쪽 산으로 옮겨 장막을 치니 서쪽은 벧엘이요 동쪽은 아이라 그가 그 곳에서 여호와께 제단을 쌓고 여호와의 이름을 부르더니 점점 남방으로 옮겨 갔더라.

<묵상 메시지>

하나님의 비전을 받고 길을 떠난 아브람은 가나안 땅에 도착하게 됩니다. 그곳에 도착한 지 며칠이 되었을까요. 어느 날 하나님께서 아브람에게 나타나셔서 바로 이 땅을 후손들에게 주시겠다는 말씀을 하십니다.

여기서 우리가 생각해 보아야 할 것이 있습니다. 그 당시 가나안 땅은 이미 많은 사람들이 거주하고 있었지요. 그런데 그 땅을 아브람의 후손들에게 주시겠다니…… 어쩌면 우리는 하나님께서 아브람에게 주시리라고 한 땅에 대해 이렇게 생각하고 있지 않을까요? '사람이 살지 않는 푸른 초원 지대라든가, 사람들에게 아직 발견되지 않은 미개척지 같은, 뭔가 신비스런 땅이 아닐까?' 적어도 하나님께서 자손들을 하늘의 별같이 많게 하셔서 큰 민족을 이루게 하실 정도라면 커다란 도읍지가 될 만한 그런 장소이지 않을까 하는 생각이지요.

어쩌면 아브람도 그렇게 생각하고 있었지 않았을까요? 하지만 아브람과 우리의 생각은 모두 빗나가고 말았습니다. 아브람이 도착한 곳은 이미 사람들이 번성하고 있는 가나안 땅이었기 때문입니다. 도대체 여기서 어떻게 하란 말인가요? 그러나 아브람은 거기서 하나님께 제단을 쌓고 제사를 드립니다.

아브람은 자신의 가솔들과 가축들이 머물 만한 곳을 발견하기가 어려웠을 것입니다. 왜냐하면 웬만한 곳에는 이미 사람들이 살고 있었을 테니까요. 그래서 결국 그는 산으로 올라가게 됩니다. 마땅히 거할 곳이 없어 산으로 올라갔지만 거기서도 그는 제사를 드립니다. 제사는 하나님의 임재를 감사하며 찬양하는 인간의 최고 행위이지요.

여기서 우리는 아브람의 믿음을 보아야 합니다. 비록 현실적으로는 거할 곳도 마땅치 않은 상태이지만 그 마땅치 않은 곳에서 하나님의 임재를 감사하며 믿음의 제사를 드립니다. 아직 아무것도 시작된 것이 없어 보이지만 이미 진행하고 있는 하나님의 섭리를 인정하며 찬양하는 것입니다.

내가 생각한 것과 많이 달라 보일지라도, 내가 예측한 것과 결과가

다를지라도, 마땅치 않아 보이는 현실을 넘어 역사하고 계시는 하나
님을 바라보며 감사하고 찬양하는 것, 그것이 예배입니다. 언제 어디
서나 어떤 상황 속에서도 하나님 임재의 감격을 맛보는 예배자가 되
시기를 바랍니다.

〈Group 묵상 – P.I.M.S〉

* 찬양/ 성령의 임재를 위하여

* 나눔 Ⅰ(삶)/ 삶의 자리 속에서 보고 들은 사건, 생각, 심리변화

* 읽기(Perusing)/ 묵상 메시지를 읽고, 천천히 성서를 정독하기

* 찾기(Inquiring)/ 본문 속에서 하나님과 인생의 모습을 찾아 기록하기

* 묵상(Meditation)/ 나, 너, 그리고 우리의 자화상을 깨닫고 기록하기

* 나눔 II(Sharing)/ 묵상을 통해 얻은 깨우침을 나누고 기록하기

* 찬양과 기도

살아가는 재미

〈묵상 본문〉 창세기 12:10~16

마침 그 지방에 흉년이 들었는데, 그 흉년이 너무나 심하여 아브람은 이집트에 몸 붙여 살려고 옮겨 간 일이 있었다. 이집트 땅에 발을 들여 놓기 전에 아브람이 아내 사래에게 당부하였다. "나는 당신이 정말 아름다운 여자라고 생각하오. 이집트인들이 당신을 보면 당신의 남편이라고 해서 나를 죽이고 당신만 살려 둘 것이오. 그러니 나를 오라버니라고 부르시오. 그러면 내가 당신 덕으로 죽음을 면하고 대접도 받을 것이오" 아브람은 이집트에 들어갔다. 이집트인들이 보기에 그의 아내는 정말 아름다웠다. 이집트 왕의 신하들은 그를 보고 왕 앞에 나아가 아름다운 여인이 나타났다고 아뢰었다. 그리하여 사래는 왕궁으로 불려 들어갔다. 아브람은 그 덕분에 대접을 받고 남종들과 여종들, 양떼와 소떼, 암나귀와 수나귀, 그리고 낙타를 여러 마리 받았다. 그러나 왕은 아브람의 아내 사래를 불러들인 벌로 온 가족과 함께 야훼께 무서운 재앙을 받았다. 왕은 아브람을 불러 꾸짖었다. "네가 어찌하여 나에게 이런 일을 했느냐? 왜 그를 네 아내라고 하지 않았느냐? 왜 이 여자를 네 누이라고 속여 내 아내로 삼게 하였느냐? 네 아내가 여기 있으니 데리고 당장 물러 나거라. 이집트 왕은 부하들에게 명하여 아브람을 그의 아내와 그의 모든 소유와 함께 내어 보냈다.

<묵상 메시지>

　여기가 후손들이 살아가게 될 약속의 땅이라고 응답을 받긴 받았는데… 그런데 영 개운치가 않습니다. 살 곳도 마땅치 않고 게다가 흉년이 들어 먹고살기가 점점 힘들어집니다. 여러분 같으면 이 시점에서 어떻게 반응하겠습니까?

　아브람의 반응은 그냥 보통 사람들의 반응이었습니다. 지금 사는 곳이 먹고살기 마땅치 않으니 우선 여기를 떠나서 다른 곳으로 가야겠다 뭐 이런 것입니다. 신앙이 좀 있는 사람 같으면 좀 더 신중하게 금식 기도라도 하며 하나님께 선택의 여부를 묻고 행동하겠지요? 어쩌면 아브람도 그랬을지 모릅니다. 하지만 아무런 응답도 없으면 어찌할까요?

　저는 여기서 아브람도 기도했지만 아무런 응답을 받지 못했을 거라는 전제를 두고 이야기할까 합니다. 우리도 살면서 아브람과 비슷한 경험을 할 때가 많습니다. 문제는 닥쳐왔는데 기도해도 영 신통치가 않고 도대체 어떻게 해야 할지 막막하고 답답할 때가 있습니다. 아브람은 선택을 해야 했습니다. 남을 것인가? 떠날 것인가?

　결국 아브람은 모든 것이 풍족한 애굽으로 떠나는 쪽으로 결론을 내리고 움직이게 됩니다. 그리고는 치밀하게 계산까지 하지요. ‘내려갔을 경우 현 시대 상황으로 볼 때, 애굽 놈들은 예쁜 아내를 두고 있는 나를 그냥두지 않을 것이다. 어쩌면 나를 죽이고 아내를 빼앗을지도 모른다. 그렇다면 나는 내 아내를 누이라고 하면 되겠구나’

뭐 대충 이런 계산이 나오지 않았을까 합니다. 이런 계산을 하는 아브람도 그의 아내도 답답했을 겁니다. 이렇게까지 하며 살아야 하나!! 허나 어쩝니까? 기도해도 아무 응답은 없고 먹고 살길은 점점 막막해져 가는데…

어쨌든 아브람은 애굽으로 내려가게 되고 거기서 예상했던 것과 예상치 못했던 두 가지 결과를 경험하게 됩니다. 예상했던 것은 역시나 애굽 사람들이 자기 아내에게 눈독을 들였다는 것과, 예상치 못했던 것은 아내가 애굽 왕의 후처로 들어갔다가 다시 나오는 바람에 많은 재산을 얻게 되었다는 것이지요. 이 부분은 아브람도 전혀 예상치 못한 결과일 것입니다.

여기서 우리는 두 가지 중요한 교훈에 직면하게 됩니다.

첫 번째, 우리가 살면서 때때로 기도 응답이 되지 않을 때, 우리는 우리가 가지고 있던 지혜와 지식만으로 어떤 선택을 해야 합니다. 이때 중요한 것은 현실을 직시하여 남에게 피해가 가지 않는 한도에서 적합한 선택을 해야 한다는 것이지요. 즉 정당한 선택이어야 한다는 것입니다. 아브람은 당시 상황을 고려하여 아내를 누이라고 속이는 선택을 하지만, 실제적으로 그의 아내는 자신의 이복 누이였기에 꼭 틀린 말은 아닙니다. 자기 아내를 누이라고 했다고 해서 다른 사람에게 손해가 가는 것은 아니겠지요. 물론 결과적으로 애굽 왕에게는 큰 피해가 갔지만 그건 또 다른 문제이지요. 어쨌든 이 선택은 아브람이 애굽에서 안전하게 먹고 살기 위해 필요한 최소한의 조치였다고 할 수 있습니다.

두 번째 교훈은 하나님의 역사입니다. 아브람은 하나님의 무응답 속에서 자신이 내린 선택으로 인해 전혀 예상치 못한 풍족한 결과를 경험하게 됩니다. 여기서 우리가 깊이 생각해야 할 것은, 이 모든 과정을 하나님이 그냥 방임하지 않았을 거라는 것입니다. 하나님은 아브람이 무응답 속에서 어떤 선택을 하는지 보며 만족해하지 않았을까요? '짜식, 좀 비겁해 보이기는 해도 나름대로 지혜롭고 정당하게 살려고 발버둥치는구나. 이제 내가 이쯤에서 개입을 좀 해야겠군' 하지 않았을까요?

결국 아브람의 가정도 파탄 나지 않고 애굽의 왕도 재앙에서 벗어나게 됩니다. 아마도 이 일로 인해 아브람은 하나님의 섭리와 역사에 대해 보다 많은 것을 깨우치게 되었을 것입니다. 하나님은 결코 나를 버리거나 방임하시는 분이 아니라는 사실과 자신이 전혀 예상치 못한 은혜의 결과를 주시는 분이라는 사실을 말입니다.

잘 산다는 거, 그건 아무런 문제 없이 풍족하게 산다는 것만 의미하는 게 아닐 겁니다. 문제가 있어도 좀 가난해도 그 속에서 하나님의 역사를 경험하며 사는 게 그게 잘 사는 거 아닐까요? 그게 사는 재미 아닐까요?

먹고살기 힘들다고 해서 수단과 방법을 가리지 않고 풍족하기만을 추구한다면 신앙생활을 한다 해도 거기엔 천국이 없을 겁니다. 하나

님과 동행하는 재미를 아는 사람. 그래서 모든 상황 속에서도 웃을
수 있는 여유 있는 삶. 그게 바로 이 땅 위에 있는 천국일 것입니다.

〈Group 묵상 - P.I.M.S〉

* 찬양/ 성령의 임재를 위하여

* 나눔 I(삶)/ 삶의 자리 속에서 보고 들은 사건, 생각, 심리변화

* 읽기(Perusing)/ 묵상 메시지를 읽고, 천천히 성서를 정독하기

* 찾기(Inquiring)/ 본문 속에서 하나님과 인생의 모습을 찾아 기록하기

* 묵상(Meditation)/ 나, 너, 그리고 우리의 자화상을 깨닫고 기록하기

* 나눔 Ⅱ(Sharing)/ 묵상을 통해 얻은 깨우침을 나누고 기록하기

* 찬양과 기도

칼자루는 어디에

〈묵상 본문〉 창세기 13:1~13

아브람이 애굽에서 그와 그의 아내와 모든 소유와 롯과 함께 네게
브로 올라가니 아브람에게 가축과 은과 금이 풍부하였더라. 그가 네
게브에서부터 길을 떠나 벧엘에 이르며 벧엘과 아이 사이 곧 전에 장
막 쳤던 곳에 이르니 그가 처음으로 제단을 쌓은 곳이라 그가 거기서
여호와의 이름을 불렀더라. 아브람의 일행 롯도 양과 소와 장막이 있
으므로 그 땅이 그들이 동거하기에 넉넉하지 못하였으니 이는 그들
의 소유가 많아서 동거할 수 없었음이니라. 그러므로 아브람의 가축
의 목자와 롯의 가축의 목자가 서로 다투고 또 가나안 사람과 브리스
사람도 그 땅에 거주하였는지라. 아브람이 롯에게 이르되 우리는 한
친족이라 나나 너나 내 목자나 네 목자나 서로 다투게 하지 말자. 네
앞에 온 땅이 있지 아니하냐 나를 떠나가라 네가 좌하면 나는 우하고
네가 우하면 나는 좌하리라.

〈묵상 메시지〉

아브람은 애굽에서 전혀 예상치 못한 하나님의 은혜로 큰 부자가
됩니다. 하지만 기쁨도 잠시뿐 조카 롯의 목자들과 자신의 목자들의
다툼으로 인해 그는 고민에 빠지게 되지요. 땅은 좁고, 가축들은 넘치
고, 마실 물과 풀은 한계가 있고. 주변에는 다른 부족들이 살고 있고.
도무지 해결책이 서지 않아 머리가 지끈거렸을 겁니다.

결국 그는 조카 롯과 헤어져야겠다는 특단의 결론을 내리게 됩니다. 하지만 또 다른 문제에 봉착합니다. 어떻게 헤어질 것인가? 조카를 어디로 보낼 것인가? 하는 것이지요. 아마도 많이 고민했을 겁니다. 마음 같아서는 아브람도 넓고 풍요로운 지역으로 가고 싶었겠지요. 하지만 삼촌 된 처지에서 얌체같이 좋은 곳을 먼저 선택해서 간다는 것은 위신이 서지 않는 거겠지요? 그래서 그는 조카 롯에게 먼저 선택권을 주기로 합니다. 아니나 다를까, 롯은 동쪽 요단의 넓고 풍요로운 지역을 선택합니다. 아브람은 씁쓸했을 겁니다. 그러나 어쩝니까? 그래도 삼촌인데. 이렇게 하여 롯은 요단 지역으로 떠나가고 아브람은 서쪽 지역에 남게 됩니다.

여기서 우리는 한 가지 교훈을 얻게 됩니다. 다름 아닌 갈등을 해결하는 방법입니다. 아브람은 조카 롯과의 갈등을 해결하기 위해 롯에게 선택권을 주었지요. 롯이 동쪽을 선택하면 자신은 서쪽으로 가고, 롯이 서쪽을 선택하면 자신은 동쪽으로 가겠다는 것이지요. 아브람의 이러한 방법이 언뜻 보면 칼자루가 조카 롯에게 쥐어져 있는 듯 보입니다만, 그게 아니지요. 아브람의 방법은 바로 하나님께 칼자루를 쥐어 드리는 것입니다. 내가 동쪽이 되든 서쪽이 되든 그것은 모두 하나님의 섭리를 따라 이루어지는 것이라는 대단한 믿음이 없다면 결코 실행할 수 없는 것이지요.

내가 원했던 방향으로 결론이 나지 않았을 경우, 서운한 마음도 들겠지만 이 과정에 하나님이 개입하셨다는 믿음을 가지고 순종하는 것, 그게 바로 신앙인의 모습 아닐까요? 요즘 세상은 사람들의 양심이 하도 망가져서 신앙인들이 이렇게 멋있는 방법으로 다툼이나 분쟁과 같은 갈등을 해결하려 한다면 아마도 대부분은 역으로 이용하려 하겠지요.

그래도 하나님을 믿는 경제인이라면, 그래도 하나님을 믿는 정치가라면, 그래도 하나님을 믿는 사람이라면 오늘 본문에서 아브람이 보여 준 용기 있는 믿음의 방법을 지혜롭게 활용해야 하지 않을까 하는 생각을 합니다. 죄성(罪性)으로 인해 망가진 양심으로 가득한, 그래서 인간적인 방법이 난무하는 세상 속에서 정직한 신앙인으로 산다는 것, 정말 힘든 일입니다.

여전히 해결되지 않고 있는 크고 작은 분쟁과 갈등의 현장들을 바라보며 조카 롯과의 갈등을 믿음으로 해결했던 아브람이 간절히 생각나는 요즘입니다.

"네가 좌하면 나는 우하고, 네가 우하면 나는 좌하리라"

〈Group 묵상 - P.I.M.S〉

* 찬양/ 성령의 임재를 위하여

* 나눔 I(삶)/ 삶의 자리 속에서 보고 들은 사건, 생각, 심리변화

* 읽기(Perusing)/ 묵상 메시지를 읽고, 천천히 성서를 정독하기

* 찾기(Inquiring)/ 본문 속에서 하나님과 인생의 모습을 찾아 기록하기

* 묵상(Meditation)/ 나, 너, 그리고 우리의 자화상을 깨닫고 기록하기

* 나눔 II(Sharing)/ 묵상을 통해 얻은 깨우침을 나누고 기록하기

* 찬양과 기도

손해 본 것 같을 때

<묵상 본문> 창세기 13:14~18

롯이 아브람을 떠난 후에 여호와께서 아브람에게 이르시되 너는 눈을 들어 너 있는 곳에서 북쪽과 남쪽 그리고 동쪽과 서쪽을 바라보라. 보이는 땅을 내가 너와 네 자손에게 주리니 영원히 이르리라. 내가 네 자손이 땅의 티끌 같게 하리니 사람이 땅의 티끌을 능히 셀 수 있을진대 네 자손도 세리라. 너는 일어나 그 땅을 종과 횡으로 두루 다녀 보라 내가 그것을 네게 주리라. 이에 아브람이 장막을 옮겨 헤브론에 있는 마므레 상수리 수풀에 이르러 거주하며 거기서 여호와를 위하여 제단을 쌓았더라.

<묵상 메시지>

롯이 좋은 지역을 선택하여 떠납니다. 그 모습을 바라보는 아브람의 마음은 어땠을까요? 한편으로는 조카가 좋은 지역으로 이사를 가니 다행이라고 생각했겠지만, 다른 한편으로는 왠지 서운하고 씁쓸하지 않았을까요? 헤어지는 아픔보다는 이제 척박한 산중에서 살아갈 생각을 하게 되니 좀 막막한 생각도 들었을 것 같습니다.

도대체 하나님의 비전은 언제 어떻게 이루어져 간다는 것인지…. 남들이 다 좋은 땅 차지하고 사는 이곳에서 겨우 산중에 빌붙어 살고 있는데 이거야 원, 누울 자리를 보고 발을 뻗으랬는데. 이렇게 헤어짐에 대한 씁쓸함과 미래에 대한 노심초사 가운데 있는 아브람에게 하나님의 음성이 들려옵니다.

"동서남북을 바라보라, 보이는 땅이 다 너와 네 자손의 땅이다. 네 자손이 땅의 티끌처럼 많아질 것이다. 일어나 두루 다녀라…"

우리는 이 말씀을 통해 하나님이 어떤 분이신지 좀 더 느끼게 됩니다. 먹고사는 길이 막막했던 때부터 애굽으로 내려갔다 다시 오기까지 아무런 말씀도 하지 않으셨던 하나님께서 조카 롯과 헤어져 씁쓸함과 노심초사에 빠져 있는 아브람에게 말씀을 주고 계십니다. 좀 더 구체적인 확신의 말씀을 말입니다.

아브람은 이 말씀으로 인해 그동안의 맘고생이 모두 해소되었을 것입니다. 동시에 좁고 척박해 보이는 지역에 머물고 있지만 그 마음만은 이미 온 가나안 땅을 품고 다시 한 번 꿈으로 가득 차오르게 되었을 것입니다.

'그래 하나님은 날 떠나시지 않으셨고, 약속도 잊지 않으셨어. 그래 하나님이 나와 함께 하시는데 까짓 것 두려울 게 뭐야'

그리고는 이렇게 소리 지르지 않았을까요?

'그래, 난 아브람이다. 난 하나님이 선택한 사람이다. 그래 절망적인 현실들아, 얼마든지 와 봐라. 결국 여기서 보이는 동서남북 가나안 땅은 모두 내 것이 될 것이다. 하하하!'

세종시, 4대강 사업, 천안함 사건, 민간인 사찰, 불법과 편파…우리는 여러 가지 사건들로 인해 너무 지칩니다. 믿는 자 가운데 이루어져야 할 하나님의 비전, 하나님의 나라는 너무 멀게만 느껴집니다. 정의, 평화, 생명, 사랑과 같은 하나님나라의 가치들이 역사의 뒤안길로 사라져 가는 것만 같습니다. 마치 믿음을 따라 선한 뜻으로 양보했지만 노른자 땅을 다 빼앗겨 버린 듯한, 척박한 산중에 홀로 남겨진 아브람처럼 생각됩니다. 왠지 씁쓸하고 손해 본 것 같은 마음을 금할 길이 없습니다.

그러나 오늘 말씀 가운데 아브람에게 임재하시는 하나님의 모습을 통해 위로를 받습니다. 하나님은 아브람을 잊고 계신 것이 아니었습니다. 비록 나타나는 역사의 현장은 하나님의 비전으로부터 점점 멀어지는 듯해 보이지만, 믿음의 사람 아브람을 향한 하나님의 비전은 여전히 진행 중이었던 것입니다.

묵상하는 여러분.

믿음으로 살다가 손해 본 것 같다 하여 의기소침해 하지 맙시다. 하나님나라의 가치들을 실현하기 위해 살다가 뒤통수를 맞은 것 같다 하여 실망하지 맙시다.

우리가 믿음으로 사는 한, 하나님께서 믿는 자에게 주신 약속, 그 꿈은 여전히 진행되고 있기 때문입니다.

믿음은 바라는 것들의 실상이요, 보이지 않는 것들의 증거입니다.

〈Group 묵상 - P.I.M.S〉

* 찬양/ 성령의 임재를 위하여

* 나눔 I(삶)/ 삶의 자리 속에서 보고 들은 사건, 생각, 심리변화

* 읽기(Perusing)/ 묵상 메시지를 읽고, 천천히 성서를 정독하기

* 찾기(Inquiring)/ 본문 속에서 하나님과 인생의 모습을 찾아 기록하기

* 묵상(Meditation)/ 나, 너, 그리고 우리의 자화상을 깨닫고 기록하기

* 나눔 II(Sharing)/ 묵상을 통해 얻은 깨우침을 나누고 기록하기

* 찬양과 기도

신앙인으로 산다는 것은

〈묵상 본문〉 창세기 14:1~16

네 왕이 소돔과 고모라의 모든 재물과 양식을 빼앗아 가고 소돔에 거주하는 아브람의 조카 롯도 사로잡고 그 재물까지 노략하여 갔더라. 도망한 자가 와서 히브리 사람 아브람에게 알리니 그때에 아브람이 아모리 족속 마므레의 상수리 수풀 근처에 거주하였더라 마므레는 에스골의 형제요 또 아넬의 형제라 이들은 아브람과 동맹한 사람들이더라. 아브람이 그의 조카가 사로잡혔음을 듣고 집에서 길리고 훈련된 자 삼백십팔 명을 거느리고 단까지 쫓아가서 그와 그의 가신들이 나뉘어 밤에 그들을 쳐부수고 다메섹 왼편 호바까지 쫓아가 모든 빼앗겼던 재물과 자기의 조카 롯과 그의 재물과 또 부녀와 친척을 다 찾아왔더라.

〈묵상 메시지〉

오늘 말씀 속에서 우리는 지금까지와는 사뭇 다른 아주 강하고 민첩하며 지혜롭기까지 한 아브람의 모습을 보게 됩니다. 독립해 나간 조카 롯과 가솔들이 도시 국가끼리의 전투 와중에 사로잡혀 갔다는 소식을 접하게 된 아브람의 모습을 보세요. 그는 준비라도 한 듯, 자신이 훈련시킨 사람들을 이끌고 롯을 구하러 갑니다.

겨우 318명. 대적들은 아마도 수천 명은 넘을 텐데 그는 조카를 구하기 위해 출동합니다. 대단한 용기가 아닐 수 없지요. 게다가 그는 치밀한 기습 작전을 세워 정말이지 기적 같은 승리를 거둘 정도로 지혜롭기까지 합니다. 그뿐인가요? 그는 비록 이방인으로서 척박한 곳에서 더부살이하고 있지만 주변 사람들과 동맹을 맺을 정도로 인간관계도 훌륭합니다.

이처럼 오늘 본문에 나오는 아브람은 인격과 용기와 지혜까지 두루 갖춘 뛰어난 지도자의 모습을 보여 주고 있습니다. 여기서 우리가 깊이 생각해 보아야 할 것이 있습니다. 하나님은 아브람을 부르시고 전무후무한 비전의 약속을 주셨습니다. 이것은 분명 하나님이 이루시지 않으면 불가능한 비전입니다. 우리는 이러한 엄청난 약속이 주어지면 내 힘으로는 불가능한 것이니 '하나님이 다 알아서 이루시겠지'라는 생각을 하기 쉽지요. 그래서 아무것도 하지 않은 채, 하나님이 약속을 이루어 주시기까지 막연하게 혹은 낙관적인 마음으로 기다릴 때가 있지 않은가요?

물론 이러한 모습이 아주 잘못되었다는 것은 아니지만 적어도 오늘 본문 속에 나오는 아브람의 모습을 통해 그러한 막연한 혹은 낙관적인 믿음의 모습이 반드시 바람직한 것만은 아니라는 것을 알게 됩니다. 아브람은 하나님의 부르심 이후, 아마도 막연한 혹은 낙관적인 신앙 태도로 여행을 했을 겁니다. 그런데 현실적인 위기를 몇 번 겪으면서 그도 변화되었지 않을까 하는 생각을 합니다. 애굽에서 그렇게 비굴했던 그가 오늘은 전혀 다른 모습을 보여 주고 있기 때문입니다. 아마 이러한 시련을 통해 신앙관의 변화가 있었던 것이 분명합니다.

그러므로 우리는 아브람을 통해 교훈을 얻어야 합니다. 그는 자신과 가족과 재물을 지키기 위해 내적으로 힘을 길렀습니다. 더 나아가 그는 주변 사람들과 좋은 관계를 맺어 갑니다. 거기에 멈추지 않고 그는 주변 도시 국가들의 성향까지 파악하여 장단점까지 알아냅니다. 결국 이러한 변화가 오늘의 대승리를 거두게 된 중요한 요인이 된 것이지요.

하나님은 분명 비전을 주시고 그 비전의 약속을 이루어 가시는 분입니다. 그러나 그 약속이 이루어지기까지 우리는 우리의 일을 해야 합니다. 자신과 타인(생명)을 지키기 위해 내외적인 힘을 기르는 것, 주변 사람들과의 좋은 인간관계를 유지해 가는 것, 그리고 내가 살아가고 있는 현실에 대한 정확한 파악입니다.

현실에 대해 정확히 파악한다는 것은 매우 어려운 부분입니다만, 적어도 신앙인이라면 성서에 기반을 둔 가치관으로 현실을 파악해야 하지 않을까요. 정치적 관점보다, 경제적 관점보다, 자신이 속해 있는 집단의 이익을 우선시한 관점보다 먼저 성서의 정신이 무엇인지, 내가 따르는 예수의 정신이 무엇인지에 대한 진지한 고민을 통해 현실을 보아야 하지 않을까요.

물론 경제가 모든 것의 가치 기준이 되는 현실 속에서 위와 같은 결단과 선택은 어려운 일일 것입니다. 모든 것을 흑과 백이라는 양날의 가치 기준의 잣대를 들이대려는 정치적 현실 속에서도 어려운 일일 것입니다. 또한 이쪽을 선택하는 것이 저쪽을 선택하는 것보다 현실적으로 이익이 분명하다면 이 또한 어려운 일일 것입니다. 그러나 신앙인으로 산다는 것은 나의 선택이 타인과 사회 전체에 영향을 미칠 수 있다는 것을, 더 나아가 역사에 영향을 미칠 수 있다는 책임 의식을 가진 존재로서의 선택과 결단의 삶이 아닐까요.

아브람은 비전을 가진 신앙인으로서 그의 선택과 결단은 미래 그의 후손들에게 영향을 끼치게 되는 책임적 존재가 됩니다. 우리는 오늘 바로 그러한 책임적 존재로서의 신앙인의 모습을 아브람을 통해 보게 되는 것입니다. 동시에 하나님께서 아브람의 선택과 결단을 당신의 섭리를 이루어 가는 도구로 사용하시는 모습을 보며 오늘 현대 그리스도인들을 바라보시는 하나님의 모습을 보게 됩니다. 쉽지 않은 일이겠지만, 하나님, 비전, 역사, 선택 그리고 결단의 존재로서 나 자신을 살펴보며 살았으면 좋겠습니다.

〈Group 묵상 - P.I.M.S〉

* 찬양/ 성령의 임재를 위하여

* 나눔 I(삶)/ 삶의 자리 속에서 보고 들은 사건, 생각, 심리변화

* 읽기(Perusing)/ 묵상 메시지를 읽고, 천천히 성서를 정독하기

* 찾기(Inquiring)/ 본문 속에서 하나님과 인생의 모습을 찾아 기록하기

* 묵상(Meditation)/ 나, 너, 그리고 우리의 자화상을 깨닫고 기록하기

* 나눔 II(Sharing)/ 묵상을 통해 얻은 깨우침을 나누고 기록하기

* 찬양과 기도

아름다운 선택

아브람이 그돌라오멜과 그와 함께한 왕들을 쳐부수고 돌아올 때에 소돔 왕이 사웨 골짜기 곧 왕의 골짜기로 나와 그를 영접하였고 살렘 왕 멜기세덱이 떡과 포도주를 가지고 나왔으니 그는 지극히 높으신 하나님의 제사장이었더라. 그가 아브람에게 축복하여 이르되 천지의 주재이시요 지극히 높으신 하나님이여 아브람에게 복을 주옵소서. 너희 대적을 네 손에 붙이신 지극히 높으신 하나님을 찬송할지로다 하매 아브람이 그 얻은 것에서 십분의 일을 멜기세덱에게 주었더라. 소돔 왕이 아브람에게 이르되 사람은 내게 보내고 물품은 네가 가지라 아브람이 소돔 왕에게 이르되 천지의 주재이시요 지극히 높으신 하나님 여호와께 내가 손을 들어 맹세하노니 네 말이 내가 아브람으로 치부하게 하였다 할까 하여 네게 속한 것은 실 한 오라기나 들메끈 한 가닥도 내가 가지지 아니하리라. 오직 젊은이들이 먹은 것과 나와 동행한 아넬과 에스골과 마므레의 분깃을 제할지니 그들이 그 분깃을 가질 것이니라.

〈묵상 메시지〉

우리는 오늘 본문에 나오는 세 사람을 통해 어떤 인생을 살아야 하는지에 대해 도전을 받게 됩니다.

첫 번째 사람은 소돔 왕입니다.

그는 전투에서 패하여 백성을 버리고 도주하였다가 아브람의 승리 소식을 듣고 마중 나옵니다. 그가 마중 나온 이유는 승리를 축하하기 위해서가 아니었지요. 그는 단지 자신이 빼앗겼던 것에만 관심이 있었습니다. 하지만 자신이 빼앗겼던 모든 것들은 아브람의 전리품이 되었기에 되돌려 달라고 요구하기엔 무리가 있었지요. 그래서 그는 마치 아브람에게 선심이나 쓰듯 재물들은 포기하고 사람들만 돌려 달라고 요구합니다. 여기서 알아야 할 것은 그는 분깃을 요구할 권리가 전혀 없는 사람입니다. 그럼에도 선심 쓰듯 요구하는 모습을 통해 그가 얼마나 뻔뻔하고 몰염치한 사람인지 보게 됩니다. 그의 성품은 23절에서 아브람이 잘 드러내 주고 있습니다. 그는 자기 때문에 아브람의 재산이 늘어나게 되었다고 떠벌리며 다닐 사람이라는 것이지요. 이것은 이미 당시 모든 사람들이 그 사람 됨됨이를 알고 있었다는 증거가 됩니다.

두 번째 사람은 살렘 왕 멜기세덱입니다.

그는 그 당시 사람들에게 지극히 높으신 하나님의 제사장으로 인정받고 있는 인물입니다. 그는 승리한 아브람을 축하하기 위해 떡과 포도주를 가지고 나와 아브람을 축복하며 하나님을 찬양합니다. 전투를 치르느라 제대로 먹지 못하고 피곤에 지쳤을 사람들에게 멜기세덱의 선물과 축복은 큰 힘과 위로가 되었을 것입니다.

세 번째 사람은 아브람입니다.

그는 전투에서 승리하였기에 그 당시 관례대로라면 전투에서 노획

한 모든 것들은 모두 그의 전리품입니다. 하지만 소돔 왕의 뻔뻔한 모습을 보게 되자 그는 소돔 왕의 모든 것을 돌려줍니다. 두고두고 문젯거리를 만들며 골치 아프게 할 사람이라는 것을 알고 있기 때문입니다. 즉 아브람은 문젯거리가 될 부요함보다 깨끗한 관계를 선택한 것입니다.

오늘 나오는 이 세 사람을 보며 나는 어떤 인생을 살아가고 있는가를 생각하게 됩니다. 나는 위로가 필요한 사람에게 위로가 되는 사람인지, 축복의 말보다는 비난과 비방의 말을 더 많이 하며 살고 있지는 않은지, 문제의 소지가 있든 말든 우선 돈부터 벌면 장땡이라는 생각으로 일하고 있지는 않은지, 보다 풍요롭게 잘 살아야 한다는 현실적 문제로 뻔뻔함과 몰염치를 신앙의 이름으로 합리화하고 있지는 않은지.

우리가 어떤 인생의 여정을 선택하든 지구는 여전히 돌 것이며 태양은 뜨고 질 것이며 밤과 낮, 그리고 사계절은 돌고 돌 것입니다. 하지만 그렇다고 해서 내 마음에 평안이 있는 것은 아닐 것이며 기쁨이 가득 차오르는 것은 아닐 것이며, 감사한 마음으로 찬양을 부를 수 있는 것은 아닐 것입니다.

선택의 기준은 이것입니다. 위로받기보다는 위로하는 것을, 불평과 비난의 말보다는 축복의 언어를, 문제가 될 수 있는 눈앞의 이익보다는 깨끗한 물질을 선택하는 것입니다. 어쩌면 이것은 현실적으로 매우 어려울 수 있겠지요. 하지만 생각해 보세요. 하나님은 우리가 어떤 인생을 선택하기 원하실까요?

"여호와의 말씀이니라. 너희를 향한 나의 생각을 내가 아나니 평안이요 재앙이 아니니라 너희에게 미래와 희망을 주는 것이니라"(렘 29 : 11)

행복은, 평안은, 기쁨은, 감사는 바로 마음의 선택에 달려 있음을 잊지 마시기 바랍니다.

〈Group 묵상 – P.I.M.S〉

* 찬양/ 성령의 임재를 위하여

* 나눔 I(삶)/ 삶의 자리 속에서 보고 들은 사건, 생각, 심리변화

* 읽기(Perusing)/ 묵상 메시지를 읽고, 천천히 성서를 정독하기

* 찾기(Inquiring)/ 본문 속에서 하나님과 인생의 모습을 찾아 기록하기

* 묵상(Meditation)/ 나, 너, 그리고 우리의 자화상을 깨닫고 기록하기

* 나눔 Ⅱ(Sharing)/ 묵상을 통해 얻은 깨우침을 나누고 기록하기

* 찬양과 기도

너무 쉽게 변해가는 현실 속에서

<묵상 본문> 창세기 15:1~7

이후에 여호와의 말씀이 환상 중에 아브람에게 임하여 이르시되 아브람아 두려워하지 말라 나는 네 방패요 너의 지극히 큰 상급이니라. 아브람이 이르되 주 여호와여 무엇을 내게 주시려 하나이까 나는 자식이 없사오니 나의 상속자는 이 다메섹 사람 엘리에셀이니이다. 아브람이 또 이르되 주께서 내게 씨를 주지 아니하셨으니 내 집에서 길린 자가 내 상속자가 될 것이니이다. 여호와의 말씀이 그에게 임하여 이르시되 그 사람이 네 상속자가 아니라 네 몸에서 날 자가 네 상속자가 되리라 하시고 그를 이끌고 밖으로 나가 이르시되 하늘을 우러러 뭇별을 셀 수 있나 보라. 또 그에게 이르시되 네 자손이 이와 같으리라. 아브람이 여호와를 믿으니 여호와께서 이를 그의 의로 여기시고, 또 그에게 이르시되 나는 이 땅을 네게 주어 소유를 삼게 하려고 너를 갈대아인의 우르에서 이끌어 낸 여호와니라

<묵상 메시지>

도시 국가 연합과의 전투에서 큰 승리를 하고 돌아온 아브람. 이제 그의 이름은 주변 도시 국가들 사이에 널리 퍼지게 되었을 것입니다. 반면에 그의 속마음은 어땠을까요? 자세히 알 수는 없으나 오늘 본문에서 하나님이 아브람에게 나타나서 하시는 말씀을 통해 엿볼 수 있습니다. "아브람아 두려워하지 말라"

하나님이 아브람에게 두려워하지 말라는 말씀을 하신 걸로 봐서 아브람의 마음속에는 뭔가 두려움이 있었던 것 같습니다. 기적 같은 승리 이후, 유명해졌을 아브람. 그 두려움은 무엇이었을까요? 추측해 보건대 계속되는 어려운 사건들 아니었을까요? 조카 롯과의 헤어짐, 사로잡힌 조카를 구하기 위해 강적들에 맞서 벌인 전투, 소돔 왕을 비롯한 주변 도시 국가들의 견제와 시기심. 뭐 이런 것들 아니었나 싶습니다.

하지만 그를 가장 두렵게 하는 것은 자신의 나이는 자꾸 먹어 가는 데 아직도 자식이 없다는 것 아니었을까요? 하나님의 약속은 땅의 티끌처럼 자손이 번성케 되는 것인데 현실을 보면 자녀를 갖기에는 점점 불가능해져 가고 있다는 것이지요. 그래서 그는 심중에 자신의 상속자로서 자식처럼 아끼는 종인 엘리에셀을 생각하고 있었던 것 같습니다. 그러나 하나님은 아브람의 이러한 심정을 잘 알고 계시기나 한 듯, 아브람에게 하늘의 뭇별처럼 그의 자손이 번성하리라고 말씀해 주고 있습니다.

우리는 여기서 하나님과 인생의 다름을 보아야 합니다. 우리 인생들은 주변 현실 변화에 민감하게 반응하며 웃기도 하고 울기도 하며 걱정과 근심과 불안에 빠지기도 합니다. 하지만 하나님은 변함없이 섭리를 진행시켜 나가고 계십니다. 하나님은 아브람에게 바로 그 사실을 가르쳐 주신 것입니다.

"네가 지금 현실적 변화에 민감하게 울고 웃으며 근심과 두려움에 빠져 있느냐? 그러나 너를 향한 나의 섭리는 계속 진행 중이란다. 두려워하지 말라"

하나님께 이끌려 밖으로 나와 하늘의 별을 보게 된 아브람. 그는 다시금 큰 용기와 믿음을 얻게 됩니다. 여러분이여, 주변 현실이 변하게 될 때, 그래서 우리 마음이 흔들리며 근심과 두려움 속에 빠질 때, 우리는 무엇을 보아야 할까요? 바로 하나님, 그분입니다. 그분이 어떤 분이신가를 분명히 알고 있어야 합니다. 오늘 아브람은 두려운 현실 속에서 다시금 하나님이 어떤 분이신가를 발견하고 믿음을 다잡고 있지요.

"나는 이 땅을 네게 주어 소유를 삼게 하려고 너를 갈대아인의 우르에서 이끌어 낸 여호와니라"

그분은 우리의 주변 현실의 변화와는 상관없이 그분의 섭리를 진행시켜 가십니다. 우리는 너무 쉽게 변해 가지만 그분은 처음이나 지금이나 앞으로 변함없을 거라고 말씀하십니다. 우리는 아브람을 통해 자신을 계시해 주시는 하나님의 모습을 믿어야 합니다. 주변 현실이 변하여 근심과 두려움 마음이 들 때, 변함없이 당신의 섭리를 진행시켜 가고 계시는 하나님을 바라보시기 바랍니다. 믿는 자의 방패와 상급이 되시는 그분이 바로 우리의 하늘 아버지이십니다.

〈Group 묵상 – P.I.M.S〉

* 찬양/ 성령의 임재를 위하여

* 나눔 I(삶)/ 삶의 자리 속에서 보고 들은 사건, 생각, 심리변화

* 읽기(Perusing)/ 묵상 메시지를 읽고, 천천히 성서를 정독하기

* 찾기(Inquiring)/ 본문 속에서 하나님과 인생의 모습을 찾아 기록하기

* 묵상(Meditation)/ 나, 너, 그리고 우리의 자화상을 깨닫고 기록하기

* 나눔 Ⅱ(Sharing)/ 묵상을 통해 얻은 깨우침을 나누고 기록하기

* 찬양과 기도

도대체 왜 그러시냐고요!

해질 때에 아브람에게 깊은 잠이 임하고 큰 흑암과 두려움이 그에게 임하였더니 여호와께서 아브람에게 이르시되 너는 반드시 알라 네 자손이 이방에서 객이 되어 그들을 섬기겠고 그들은 사백 년 동안 네 자손을 괴롭히리니 그들이 섬기는 나라를 내가 징벌할지며 그 후에 네 자손이 큰 재물을 이끌고 나오리라. 너는 장수하다가 평안히 조상에게로 돌아가 장사될 것이요. 네 자손은 사대 만에 이 땅으로 돌아오리니 이는 아모리 족속의 죄악이 아직 가득 차지 아니함이니라 하시더니 해가 져서 어두울 때에 연기 나는 화로가 보이며 타는 횃불이 쪼갠 고기 사이로 지나더라. 그날에 여호와께서 아브람과 더불어 언약을 세워 이르시되 내가 이 땅을 애굽 강에서부터 그 큰 강 유브라데까지 네 자손에게 주노니 곧 겐 족속과 그니스 족속과 갓몬 족속과 헷 족속과 브리스 족속과 르바 족속과 아모리 족속과 가나안 족속과 기르가스 족속과 여부스 족속의 땅이니라 하셨더라.

<묵상 메시지>

오늘 본문에서 아브람은 하나님으로부터 희비가 엇갈리는 계시를 받습니다. 기쁨의 계시는 아브람 자신은 장수하다가 평안히 죽게 된다는 것이요, 아픔의 계시는 아브람 자신의 후손들이 이방 땅에서 400년을 종살이하게 된다는 것입니다.

아브람의 후손들이 왜 종살이를 해야 하는지에 대해서는 여러 학자들 간에도 의견만 분분할 뿐 분명치가 않습니다. 그렇기에 단지 우리는 하나님께서 이스라엘이라는 국가와 민족을 세우기 위해 꼭 필요한 과정이었다고 추측할 수밖에 없습니다.

왜, 그렇게 혹독한 과정이 필요했느냐고 반문한다면 그 답은 고난을 통해 무언가를 다듬고 완성해 가시는 하나님만의 독특한 방법이라고밖에 말할 수 없을 것 같습니다.

하나님의 섭리와 역사를 인간인 우리가 어찌 다 알고 이해할 수 있겠습니까? 단지 우리는 자연의 섭리와 인류의 역사의 발자취를 통해 하나님의 방법을 어렴풋이나마 깨달을 뿐입니다.

또한 하나님이 왜 '히브리'라고 부르는 족속을 선택했는지, 왜 그들을 가나안 땅으로 인도하시며, 왜 그 땅에 살고 있는 족속들을 모두 멸망시키도록 하셨는지에 대해서도 우리의 지식으로는 이해하기 어렵습니다. 단지 성서의 기록대로 특별한 섭리에 따라 한 개인과 민족을 일으키시기도 하시며 죄악을 따라 망하게도 하시는 세상 역사와 인생의 주관자로서 하나님을 발견할 뿐입니다.

오늘 아브람은 희비가 엇갈리는 계시를 받으며 아무런 의문을 제시하지 않습니다. 어쩌면 속으로는 반문했는지도 모릅니다. '도대체 왜 그러시냐고, 내 후손들이 꼭 종살이를 해야만 하냐고. 나중에 피비린내 나는 전쟁을 하며 꼭 가나안 땅을 차지해야 하냐고'

하지만 아브람은 아무런 불만을 표시하지 않습니다. 아마 그는 하나님의 섭리를 자신이 다 이해할 수 없다는 것을 깨닫고 있었을 것입니다.

그러므로 오늘 말씀을 통해 우리가 깨달아야 할 것은 이것입니다. 하나님께서 하시는 일들은 우연히 되는 것은 하나도 없다는 것입니다. 우리가 도저히 이해하지 못하는 일들이 일어날지라도 그것은 하나님의 필연이라는 섭리를 따라 일어난 것입니다.

주위를 둘러보세요. 내가 이해할 수 있는 것들이 과연 얼마나 될까요? 이렇게 글을 쓰는 저도 제 인생에 대해서조차 이해하기 힘듭니다. 그냥 받아들일 뿐입니다.

이 글을 읽는 여러분이여, 우리는 아브람처럼 장수하다가 평안히 죽을 수도 있을 것이고 아니면 갑작스레 죽음을 맞이할 수도 있을 것이며, 혹은 내가 죽는지도 모르는 채 죽을 수도 있을 것입니다. 하지만 그건 우리 소관이 아닌 거지요?

마찬가지로 죽음과 같이 우리가 이해할 수 없는, 우리 소관이 아닌 것들에 대해 이해하려 한다면 그것은 어리석은 짓일 것입니다. 그런 건 그냥 받아들이는 겁니다. 오늘 아브람처럼 말입니다.

오늘 하루, 내 삶의 자리에 희비가 교차하는 순간들이 올지라도 그냥 받아들여 봅시다. 그래서 하나님의 섭리를 온몸으로 느껴 보시는 하루 되시기를 바랍니다.

〈Group 묵상 – P.I.M.S〉

* 찬양/ 성령의 임재를 위하여

* 나눔 I(삶)/ 삶의 자리 속에서 보고 들은 사건, 생각, 심리변화

* 읽기(Perusing)/ 묵상 메시지를 읽고, 천천히 성서를 정독하기

* 찾기(Inquiring)/ 본문 속에서 하나님과 인생의 모습을 찾아 기록하기

* 묵상(Meditation)/ 나, 너, 그리고 우리의 자화상을 깨닫고 기록하기

* 나눔 II(Sharing)/ 묵상을 통해 얻은 깨우침을 나누고 기록하기

* 찬양과 기도

보다 빠르게 No! 보다 느리게 Yes!

<묵상 본문> 창세기 16:1~6

아브람의 아내 사래는 출산하지 못하였고 그에게 한 여종이 있으니 애굽 사람이요 이름은 하갈이라. 사래가 아브람에게 이르되 여호와께서 내 출산을 허락하지 아니하셨으니 원하건대 내 여종에게 들어가라. 내가 혹 그로 말미암아 자녀를 얻을까 하노라 하매 아브람이 사래의 말을 들으니라. 아브람의 아내 사래가 그 여종 애굽 사람 하갈을 데려다가 그 남편 아브람에게 첩으로 준 때는 아브람이 가나안 땅에 거주한지 십 년 후였더라. 아브람이 하갈과 동침하였더니 하갈이 임신하매 그가 자기의 임신함을 알고 그의 여주인을 멸시한지라. 사래가 아브람에게 이르되 내가 받는 모욕은 당신이 받아야 옳도다. 내가 나의 여종을 당신의 품에 두었거늘 그가 자기의 임신함을 알고 나를 멸시하니 당신과 나 사이에 여호와께서 판단하시기를 원하노라. 아브람이 사래에게 이르되 당신의 여종은 당신의 수중에 있으니 당신의 눈에 좋을 대로 그에게 행하라 하매 사래가 하갈을 학대하였더니 하갈이 사래 앞에서 도망하였더라.

<묵상 메시지>

우리는 오늘 성서의 내용을 통해 하나님의 약속과 계획을 인간적인 방법으로 이루어 보려는 인생의 모습을 보게 됩니다.

아브람이 가나안 땅에 들어온 지 어언 10여 년의 세월이 흘렀습니다. 참으로 긴 시간이지요. 하나님은 분명 아브람의 후손이 번성케 되리라는 약속을 주셨지만, 긴 시간 동안 아브람의 아내인 사래에게 임신 소식이 없습니다. 아마 아브람도 그랬겠지만 그의 아내인 사래도 무척 초조했을 것입니다.

세월은 흐르고 나이는 먹어 가고 임신은 되지 않고. 이쯤 되면 초조해 할 만도 하겠지요. 그래서인지 사래는 어느 날, 아브람에게 자신의 계획을 이야기합니다. 아무래도 자신은 임신하지 못할 것 같으니 대신 자신의 여종 하갈을 통해 자식을 가지면 어떻겠냐는 씨받이 계획이었지요.

아브람도 곰곰이 생각해 보았을 것입니다. 생각해 보니 사래의 말도 일리가 있는 것 같았기에 그는 사래의 말을 따라 하갈과 동침하게 됩니다. 결과는 대성공이었지요. 하갈이 임신하게 된 것입니다. 어쩌면 두 사람은 "바로 이게 하나님의 뜻이었구나" 하고 생각하며 기뻐했을지도 모릅니다.

그러나 기쁨도 잠시, 사래와 임신한 하갈 사이에 다툼이 일어나게 되었고 결국 사래의 학대에 못 이겨 하갈은 도망가게 됩니다.

여기서 우리가 보아야 할 것은 하나님의 약속과 인간의 생각입니다. 오늘 아브람과 사래는 결혼한 지 수십 년이 흘렀지만 자식이 없는 상태였지요. 그렇기에 누구라도 씨받이를 통해서 혹은 양자를 들여서라도 대를 이어 가야 하는 것이 옳다고 생각할 것입니다.

　문제는 여기서부터 발생합니다. 번성케 하리라는 약속을 현실적이
며 상식적인 수준에서 생각하다 보니 자신의 수준에 맞지 않으면 그
수준에 맞추기 위해 인위적인 방법을 통해서라도 이루어 가려 한다
는 것이지요. 나름대로는 일리가 있습니다. 현실적으로, 상식적으로
이리 보나 저리 보나 그 방법밖에는 없어 보이기 때문입니다.

　그러나 이럴 때마다 우리가 놓치기 쉬운 것이 하나님의 성품(속성)
입니다. 하나님은 전능하신 분입니다. 그렇기에 그분께는 불가능한
것이 없습니다. 우리는 그 사실을 머리로는 인정합니다만, 문제는 그
전능하신 하나님의 역사가 나에게는 이루어지지 않을 거라고 생각할
때가 많다는 것입니다. 그래서 믿음으로 기다리기보다는 더 쉬운 방
법을 선택하게 됩니다. 이것이 하나님의 뜻일 거라는 나름대로의 합
리성을 가지고서 말이지요.

　조급함. 이것은 하나님의 역사를 내 삶의 자리에서 체험해 가는 데
있어 큰 걸림돌이 아닌가 하는 생각을 합니다. 때문에 하나님에 대한
믿음은 있는데 조급한 판단과 선택으로 인해 그분의 역사에 대한 결
과물을 좀처럼 보기 힘들게 됩니다.

　앨빈 토플러는 그의 책 <제3의 물결>에서 점점 빠르게 변해 가는
세상에 대해 조망하고 있습니다. 과거에는 수세기에 걸쳐 일어날 일
들이 현대에는 10년, 5년, 1년 만에 일어나고 있다는 것이지요. 결국
그 덕분에 정보화 사회를 이루었고, 이제는 세계 곳곳에서 일어나는
일들을 실시간으로 접하며 빠르게 반응할 수 있게 되었습니다.

마치 세상은 '보다 빠르게'라는 구호를 외치며 경주하는 것만 같습니다. 몇몇 TV 광고를 보면 빠른 것은 '선'이고 빠르지 않은 것은 '악'처럼 느껴지기까지 합니다. 과거 우리 조상들의 철학 속에는 '느림의 미학'이라는 것이 존재했는데 오늘 우리에게는 빠름의 미학만이 존재하는 것만 같습니다.

세상의 풍조가 이렇다 보니 하나님과의 관계에 있어서도 이 '빠름의 미학'이 작용하는 듯 보입니다. 각종 예배와 집회의 시간은 물론이려니와, 시대가 흐를수록 전반적인 우리의 신앙생활은 점점 시간에 쫓기는 듯한 조급한 증세를 보이고 있지는 않은지요. 계획을 세워도, 기도를 해도 뭔가 빨리 눈에 보이는 결과물을 기대하고 있지는 않은가요?

인간과의 관계에 있어서도 그렇겠지만, 하나님과의 관계에 있어서도 '보다 빠르게'는 조급함을 낳게 되고 조급함은 실수와 허물을 낳게 되는 필연의 과정입니다. 우리는 오늘 아브람과 사래를 통해 바로 그 과정을 보게 되는 것이지요.

성령의 열매 중, 오래 참음이 있는 것은 단지 사람과의 관계에서뿐만 아니라 하나님과의 관계에 있어서도 오래 참음은 필요한 것이기에 주어지는 선물이라고 생각됩니다. '보다 빠르게'가 낳은 조급증 때문에 하나님의 시간(카이로스)을 인간의 시간(크로노스)으로 저울질하며 살아간다면, 우리는 아브람과 사래의 실수와 허물을 계속 반복하며 살게 될 것입니다. 그렇게 신앙 생활한다는 것은 우리에게 주신 은혜의 삶의 자리에서 너무 많은 것을 놓치며 살아가는 것이 아닐까요?

오늘은 하나님의 말씀을 깊이 음미하는 가운데 내 삶의 자리를 돌아보며 한 템 쉬어 감이 어떨까 합니다.

〈Group 묵상 - P.I.M.S〉

* 찬양/ 성령의 임재를 위하여

* 나눔 I(삶)/ 삶의 자리 속에서 보고 들은 사건, 생각, 심리변화

* 읽기(Perusing)/ 묵상 메시지를 읽고, 천천히 성서를 정독하기

* 찾기(Inquiring)/ 본문 속에서 하나님과 인생의 모습을 찾아 기록하기

* 묵상(Meditation)/ 나, 너, 그리고 우리의 자화상을 깨닫고 기록하기

* 나눔 II(Sharing)/ 묵상을 통해 얻은 깨우침을 나누고 기록하기

* 찬양과 기도

뜻밖의 하나님

여호와의 사자가 광야의 샘물 곁 곧 술 길 샘 곁에서 그를 만나 이르되 사래의 여종 하갈아 네가 어디서 왔으며 어디로 가느냐 그가 이르되 나는 내 여주인 사래를 피하여 도망하나이다. 여호와의 사자가 그에게 이르되 네 여주인에게로 돌아가서 그 수하에 복종하라. 여호와의 사자가 또 그에게 이르되 내가 네 씨를 크게 번성하여 그 수가 많아 셀 수 없게 하리라. 여호와의 사자가 또 그에게 이르되 네가 임신하였은즉 아들을 낳으리니 그 이름을 이스마엘이라 하라 이는 여호와께서 네 고통을 들으셨음이니라 그가 사람 중에 들나귀 같이 되리니 그의 손이 모든 사람을 치겠고 모든 사람의 손이 그를 칠지며 그가 모든 형제와 대항해서 살리라 하니라. 하갈이 자기에게 이르신 여호와의 이름을 나를 살피시는 하나님이라 하였으니 이는 내가 어떻게 여기서 나를 살피시는 하나님을 뵈었는고 함이라 이러므로 그 샘을 브엘라해로이라 불렀으며 그것은 가데스와 베렛 사이에 있더라.

〈묵상 메시지〉

사래의 여종 하갈은 아브람의 씨를 잉태한 후, 인생 역전을 꿈꾸게 되었을 것입니다. 아이를 낳지 못하는 정실부인보다 아이를 잉태한 자신이 더 아브람의 사랑과 총애를 받으리라 생각했겠지요. 그래서인지 하갈은 자기가 여종이라는 사실을 망각하고 주인인 사래를 무시하기 시작합니다. 사래가 가만히 앉아서 당할 리가 없겠지요. 사래의 반격이 시작됐고 견디다 못한 하갈은 사래를 피해 도망가게 됩니다.

요즘같이 어디 가서 파출부나 식당에서 일할 수 있는 것도 아니고 사는 지역을 벗어나면 황량한 광야나 사막인 그곳에 가 봐야 어디로 가겠습니까? 시간이 얼마나 흘렀는지는 모르나 암튼 하갈은 광야에서 헤매다 오아시스를 찾게 되었고, 거기서 하나님의 사자를 만나 앞으로의 자신의 인생과 후손의 인생 여정에 대한 예언을 듣게 됩니다.

우리는 여기서 뜻밖의 하나님의 모습을 보게 됩니다. 지금까지 우리는 아브람을 불러서 창대함의 비전과 약속을 주시고 함께 동행하시는 하나님의 모습만 보아 왔는데, 오늘 본문 속에서는 애굽 출신의 하갈이라는 여인에게 아브람과 비슷한 비전과 약속을 주시는 하나님을 보게 되었다는 것입니다.

'아니, 하나님은 아브람만의 하나님 아니셨나? 아브람 말고 다른 사람 신경 쓸 겨를이 없으실 거 같은데. 아브람의 족보 말고는 하나님을 섬기거나 아는 인간이 없을 텐데 어찌 하찮은 애굽 출신의 여종에게 관심을 가지실까?' 뭐, 이런 생각이 들 법도 한 상황입니다.

하지만 오늘 본문을 가만히 살펴보세요. 우리는 하갈을 통해 하나님의 성품을 두 가지나 발견하게 됩니다. 하나는 고통을 들으시는 분이요. 또 하나는 살펴보시는 분입니다. 그것도 우리가 하찮게 여기는 애굽 출신의 여종의 고통과 처지를 '그냥 대충 들으시는(hear) 것'이 아니고, '귀를 기울여 들으시며(listen)', '그냥 대충 보시는(see) 것'이 아니고 '주의를 기울여 보신다(watch)는 것'입니다. 더 나아가 하나님은 하갈의 후손들이 어떻게 살게 된 것인지에 대해서도 계시하고 있습니다.

우리는 이러한 하나님의 모습을 통해 기독교인들이 얼마나 독선적으로 살아가고 있는가에 대해 깊이 생각해 보아야 합니다. 오늘 성서의 기록된 내용은 하나님은 기독교인이라고 불리는 사람들만의 하나님이 아닌, 전 세계적이며 우주적인 하나님이라고 증거하고 있습니다.

물론 그렇다고 해서 모두가 동일하게 하나님 아버지라고 고백하는 것은 아니겠지만, 세상 사람들의 하나님에 대한 인식이야 어떠하든지 간에 오늘 기독교가 믿는 하나님은 세계적이며 우주적인 하나님이라는 사실입니다. 뿐만 아니라 그 하나님은 우리가 하찮게 여기는 사람일지라도 주의를 기울여 들으시고 살펴보시는 너무도 섬세하신 분이라는 것이지요.

그러므로 우리는 오늘 말씀을 통해 세 가지의 교훈을 깨닫게 됩니다. 첫째, 세상 사람들을 향해 너무 배타적인 자세는 바람직하지 않다. 둘째, 하나님은 나의 고통과 처지를 주의를 기울여 듣고 살펴보신다. 셋째, 하나님은 우리가 작고 하찮게 여기는 사람들의 고통과 처지도 주의를 기울여 듣고 살펴보신다.

오만과 편견보다는 겸손과 이해가 더 성서적이며, 독선과 배타보다는 관용과 평화가 더 성서적인 가치관입니다. 이 모든 것을 가능케 하는 것은 바로 사랑일 것입니다. 목하 범상치 않은 오늘을 살아가고 있지만 하나님의 마음으로 세상을 위해, 너를 위해, 우리를 위해 더 깊은 사랑으로 기도해 보심이 어떨까요.

〈Group 묵상 – P.I.M.S〉

* 찬양/ 성령의 임재를 위하여

* 나눔 I(삶)/ 삶의 자리 속에서 보고 들은 사건, 생각, 심리변화

* 읽기(Perusing)/ 묵상 메시지를 읽고, 천천히 성서를 정독하기

* 찾기(Inquiring)/ 본문 속에서 하나님과 인생의 모습을 찾아 기록하기

* 묵상(Meditation)/ 나, 너, 그리고 우리의 자화상을 깨닫고 기록하기

* 나눔 II(Sharing)/ 묵상을 통해 얻은 깨우침을 나누고 기록하기

* 찬양과 기도

2부

성숙한 신앙인이 된다는 것은
(너, 그리고 나)

완전함에 대한 오해

아브람이 구십구 세 때에 여호와께서 아브람에게 나타나서 그에게 이르시되 나는 전능한 하나님이라 너는 내 앞에서 행하여 완전하라. 내가 내 언약을 나와 너 사이에 두어 너를 크게 번성하게 하리라 하시니 아브람이 엎드렸더니 하나님이 또 그에게 말씀하여 이르시되 보라 내 언약이 너와 함께 있으니 너는 여러 민족의 아버지가 될지라 이제 후로는 네 이름을 아브람이라 하지 아니하고 아브라함이라 하리니 이는 내가 너를 여러 민족의 아버지가 되게 함이니라. 내가 너로 심히 번성하게 하리니 내가 네게서 민족들이 나게 하며 왕들이 네게로부터 나오리라 내가 내 언약을 나와 너 및 네 대대 후손 사이에 세워서 영원한 언약을 삼고 너와 네 후손의 하나님이 되리라. 내가 너와 네 후손에게 네가 거류하는 이 땅 곧 가나안 온 땅을 주어 영원한 기업이 되게 하고 나는 그들의 하나님이 되리라.

〈묵상 메시지〉

아브람이 하나님의 부름과 위대한 비전의 약속을 받고 갈대아 우르를 떠나 가나안 땅에 온 지 24년이 흘렀습니다. 하나님은 분명 이 땅을 아브람과 그 후손들에게 주어 창대케 하리라고 약속하셨는데 24년 동안 부자는 되었지만 자손의 창대함은 점점 멀어지는 것만 같습니다. 아브람은 이제 99세가 되었고 그의 아내 사래는 89세가 되었기 때문입니다.

생물학적인 측면에서 볼 때, 이제는 아브람도 사래도 아무런 소망이 없어 보입니다. 자식 같은 종을 후손으로 삼아도 안 되고, 씨받이를 통해서도 안 되고, 이제 나이는 99세나 되었고, 도대체 뭘 창대케 하겠다는 건지. 어쩌면 아브람은 이제 후손에 대한 소망을 포기했을지도 모릅니다.

그 즈음이었을까요? 하나님이 참으로 오랜만에 다시 나타나신 것입니다. 그리고는 또다시 귀에 못이 박히도록 들었던 창대함에 대한 말씀을 하십니다. 그런데 하나님의 말씀을 가만히 들어 보니 이전과는 좀 다릅니다. 하나님은 아브람과 언약을 체결하고 아브람의 이름을 아브라함으로 고쳐 주시며 언약의 영원성에 대해 선포하십니다.

오늘 우리가 함께 묵상할 것은 바로 이 부분, 하나님께서 아브람과 맺은 언약에 대한 부분입니다. 언약이란, 계약과 같은 뜻이기에 혼자서만 하는 것이 아니라 상대방이 있어야 가능합니다. 그렇기에 하나님은 아브람과 계약을 맺으신 거라 할 수 있겠지요. 그 내용을 살펴보면, 하나님 측에서는 아브람의 이름을 민족의 아버지라는 뜻의 아브라함으로 바꾸어 주고, 그 이름에 걸맞게 후손들의 창대함과 가나안 땅에 대한 약속을 하십니다. 반면 아브람 측은 어떤 내용인가요? 하나님은 아브람에게 딱 한 마디의 약속을 계약의 요구 조건으로 말씀하십니다. "내 앞에서 행하여 완전하라"

우리가 정말 주의를 기울여 묵상해야 할 부분은 바로 이것입니다. "완전하라"

도대체 인간이 어떻게 무슨 수로 완전할 수 있을까요? 죄성을 지닌 채 태어난 인간은 스스로 완전해질 수 없습니다. 그런데 완전하라니요. 이건 마치 불가능한 계약을 억지로 체결시키려는 불평등 조약처럼 느껴집니다. 지금까지 아브람은 인간적인 허물과 실수도 많이 하며 살아왔고, 앞으로도 그러겠지요. 그런데 어떻게 갑자기 완전하라고 요구한단 말인가요?

여기서 우리는 '완전'이라는 단어를 생각해야 합니다. 우리는 흔히 '완전'이라고 하면 죄를 짓지 않고 사는 어떤 완벽한 상태를 머릿속에 떠올립니다. 하지만 오늘 성서 본문에서 말하는 '완전 혹은 온전'이라는 말은 구약 성서에서는 주로 '살렘'(shalem) 혹은 '타밈'(tamim)이라 하고, 신약 성서에서는 '텔로스'(telos)라고 하는 단어로서, 그 뜻은 '어떤 목적이나 계획을 위해 충분히 준비된 상태, 혹은 목적이나 계획을 완수하거나 마친 상태'를 뜻하는 것입니다. 다시 말해 성서에서 말하는 '완전'이라는 개념은 사람이나 물건이 계획되고 설계된 대로 그 목적에 맞게 사용되는 것을 의미한다는 것입니다. 그러니까 하나님께서 아브람에게 '완전하라'(타밈)고 말씀하신 것은 하나님께서 아브람의 후손들을 창대케 하여 가나안 땅을 기업으로 주시려는 목적과 계획을 위해 준비하고 이루어 가라는 뜻이 되는 것이지요.

우리는 이 말씀을 통해 오늘 우리 자신의 모습을 살펴보게 됩니다. 나는 하나님 앞에서 완전한가? 즉, 나는 나를 향한 하나님의 계획과 목적을 위해 준비되고 있는가? 혹은 나는 그분의 계획과 목적을 위해 사용되어 왔으며 그것을 이루어 왔는가?

놀라운 것은 아브람의 삶의 여정을 통해 보여 주신 것처럼 하나님은 비록 우리가 불완전한 모습으로 살아갈지라도 우리의 삶의 자리 가운데 그분의 섭리를 이루어 가고 계신다는 것입니다. 그렇기에 비록 오늘 눈물이 나는 자리일지라도 내 삶의 자리는 소중하고 더없이 아름다운 자리라는 것입니다. 왜? 그분의 계획과 섭리가 이루어지는 자리이기 때문입니다. 이것을 깨닫고 살아가는 사람, 바로 그가 하나님 보시기에 완전한 사람이 아닐까요?

하루하루, 내 삶과 타인의 삶을 소중히 보듬으며 완전함을 이루어 가는 삶이 되기를 두 손 모아 빕니다.

〈Group 묵상 - P.I.M.S〉

* 찬양/ 성령의 임재를 위하여

* 나눔 I(삶)/ 삶의 자리 속에서 보고 들은 사건, 생각, 심리변화

* 읽기(Perusing)/ 묵상 메시지를 읽고, 천천히 성서를 정독하기

* 찾기(Inquiring)/ 본문 속에서 하나님과 인생의 모습을 찾아 기록하기

* 묵상(Meditation)/ 나, 너, 그리고 우리의 자화상을 깨닫고 기록하기

* 나눔 Ⅱ(Sharing)/ 묵상을 통해 얻은 깨우침을 나누고 기록하기

* 찬양과 기도

할례와 하나님 나라

하나님이 또 아브라함에게 이르시되 그런즉 너는 내 언약을 지키고 네 후손도 대대로 지키라. 너희 중 남자는 다 할례를 받으라. 이것이 나와 너희와 너희 후손 사이에 지킬 내 언약이니라 너희는 포피를 베어라. 이것이 나와 너희 사이의 언약의 표징이니라. 너희의 대대로 모든 남자는 집에서 난 자나 또는 너희 자손이 아니라 이방 사람에게서 돈으로 산 자를 막론하고 난 지 팔 일 만에 할례를 받을 것이라. 너희 집에서 난 자든지 너희 돈으로 산 자든지 할례를 받아야 하리니 이에 내 언약이 너희 살에 있어 영원한 언약이 되려니와 할례를 받지 아니한 남자 곧 그 포피를 베지 아니한 자는 백성 중에서 끊어지리니 그가 내 언약을 배반하였음이니라.

〈묵상 메시지〉

내 앞에서 행하여 완전하라고 말씀하셨던 하나님은 구체적인 언약의 표시로서 '할례'를 명령하십니다. 기독교인들은 흔히 할례가 아브라함을 통해 처음 시작된, 유대 민족만의 독특한 의식 행위라고 알고 있지만 할례는 그 당시 고대 근동 지역에서 이미 여러 부족 사이에 전통적인 의식으로 행해지고 있었던 것입니다. 그런데 하나님께서 아브라함에게 그 할례 의식을 언약의 표시로서 자손 대대로 행할 것을 말씀하십니다.

여기서 궁금해지는 것은 왜 하나님은 뭐 별로 특별하지도 않은 일반적인 전통 의식을 언약의 표시로서 선택하셨을까 하는 겁니다. 물론 전통적인 해석으로서 할례를 세례(침례)의 그림자로 생각할 수도 있겠지요. 하지만 그것만으로는 뭔가 석연치 않아 보입니다.

문득, 이런 생각이 듭니다.

'그리 특별하지도 않은 의식을 하나님이 선택하셨고, 그리하여 그 의식은 특별한 의식이 되었다'는 것입니다. 즉, 할례 자체가 특별한 것이 아니라 하나님이 선택하고 명령하셨기에 특별하게 되었다는 것이지요. 이것을 조금 바꾸어 표현하자면 일반적이고 평범한 것이 하나님의 선택에 의해 특별한 것이 되었다라는 것입니다. 이러한 개념을 가지고 할례를 묵상해 보면 어떨까 합니다.

우리는 우리의 삶을 일컬어 일상생활이라고 합니다. 평범하다는 뜻이겠지요.

밥 먹고, 화장실 가고, 일하고, 사람들 만나고, 쇼핑도 하고, 때로는 다투기도 하고. 대부분 사람들의 일상의 삶은 비슷할 것입니다. 이러한 삶을 살아가는 우리 역시 지극히 평범하다고 할 수 있겠지요. 자, 그런데 이러한 우리 자신과 우리의 일상생활이 특별하게 구별되었다는 것입니다. 그 구별의 주체는 하나님입니다.

지극히 평범한 삶을 살던 아브람을 하나님이 선택하십니다. 그러자 그는 특별한 사람이 됩니다. 하지만 그다지 달라진 것은 없어 보입니다. 여전히 그는 현실적 문제에 얽매이며 약한 모습을 보이며 살아갑니다. 그러나 달라진 것이 하나 있지요. 그것은 바로 인생의 목적입니다. 하나님이 부르시기 전까지 나름대로 꿈을 가지고 살았겠지만 하나님의 선택이 시작된 후, 그의 인생의 목적은 하나님의 비전에 초점이 맞추어집니다.

마찬가지로 그분이 지극히 평범한 나를 선택하게 되자 나는 특별한 존재가 되었고 나의 일상 역시 특별한 것들이 되었다는 것입니다. 겉모습과 그 내용들은 교회에 출석하는 것 외에 별로 달라진 것은 없어 보입니다. 그러나 분명 달라진 것이 있어야 합니다. 바로 인생의 목적입니다.

하나님이 아브람을 부르신 것은 그가 특별해서가 아니듯, 하나님이 나를 당신의 백성으로 부르신 것은 내 자신이 뭔가 특별해서가 아닙니다. 특별한 것은 바로 하나님의 목적이요 비전입니다. 그 비전 때문에 부름 받은 평범한 사람이 특별하게 되는 것입니다.

하나님의 비전은 무엇입니까?

아브람에게 주신 비전은 자손 대대로 가나안 땅에서 하나님과 영원토록 '웰빙'하며 사는 것입니다. 이것을 다른 말로 표현하면 '하나님의 나라'인 것이지요.

그렇습니다. 하나님의 비전은 바로 하나님의 나라입니다. 그분은 그 나라를 위해 평범한 나를 부르신 것입니다. 이러한 의미에서 기독교적인 할례란 바로 하나님의 나라를 위해 부름 받은 사실을 깨닫고, 인정하며, 감사의 고백을 하는 것입니다. 이와 동시에 할례 받은 사람은 자기 자신을 위해 사는 것이 아니라 하나님의 나라를 위해 살아가는 것입니다.

십자가의 불빛이 아무리 많아도, 천만 명이 넘는 교인 수를 자랑할지라도 마음에 할례를 받지 않으면 하나님의 나라는 내 입술에만 있을 뿐 내 삶의 자리와는 무관하게 됩니다. 그저 나와 내 자식들 잘 먹고 잘사는 게 더 중요하니까.

사회적으로 물의를 일으키는 사람들 가운데 기독교인라고 불리는 사람들을 보며, 국회에서 당리당략을 위해 싸우는 크리스천 정치인들을 보며, 다른 사람(생명)이야 어떻게 되건 더 많은 이윤을 믿음으로 추구하는 크리스천 경제인들을 보며, 자기 자식 꼭 좋은 대학 보내야 한다고 기도하는 교인들을 보며, 이 땅의 교육 정신이야 어떻게 되든 내 자식만 특별한 교육 잘 시키면 된다며 사교육 열풍을 선도하는 크리스천 부모들을 보며 하나님의 나라를 위해 십자가에 피 흘리며 고통 중에 신음하셨던 예수 그리스도의 모습을 조용히 떠올려 봅니다.

오, 주여 마음에 할례받지 못한 우리를 용서하소서. 우리는 우리가 당신의 이름으로 무엇을 구해야 하는지 모릅니다. 우리는 우리가 당신의 이름으로 무엇을 하고 있는지조차 모르고 있습니다. 평범한 이 세상의 나라에서 특별한 하나님나라로 부름 받은 사실을 아직 깨닫지 못한 채 살아가고 있는 우리를 불쌍히 여기소서.

　내가 하나님의 나라를 위해 부름 받은 특별한 존재라는 사실을 깨닫고 현실의 평범한 삶 속에서 특별한 하나님의 나라를 살아가는 당신이 바로 마음에 할례 받은 하나님의 사람일 것입니다. 하루하루 평범한 일상 속에서도 하나님의 나라를 누리시기를 바랍니다.

〈Group 묵상 – P.I.M.S〉

* 찬양/ 성령의 임재를 위하여

* 나눔 I(삶)/ 삶의 자리 속에서 보고 들은 사건, 생각, 심리변화

* 읽기(Perusing)/ 묵상 메시지를 읽고, 천천히 성서를 정독하기

* 찾기(Inquiring)/ 본문 속에서 하나님과 인생의 모습을 찾아 기록하기

* 묵상(Meditation)/ 나, 너, 그리고 우리의 자화상을 깨닫고 기록하기

* 나눔 Ⅱ(Sharing)/ 묵상을 통해 얻은 깨우침을 나누고 기록하기

* 찬양과 기도

흔한 일, 특별한 순종

<묵상 본문> 창세기 17:23~27

이에 아브라함이 하나님이 자기에게 말씀하신 대로 이 날에 그 아들 이스마엘과 집에서 태어난 모든 자와 돈으로 산 모든 자 곧 아브라함의 집 사람 중 모든 남자를 데려다가 그 포피를 베었으니 아브라함이 그의 포피를 벤 때는 구십구 세였고 그의 아들 이스마엘이 그의 포피를 벤 때는 십삼 세였더라. 그날에 아브라함과 그 아들 이스마엘이 할례를 받았고 그 집의 모든 남자 곧 집에서 태어난 자와 돈으로 이방 사람에게서 사온 자가 다 그와 함께 할례를 받았더라.

<묵상 메시지>

하나님으로부터 영원한 언약의 표시로서 할례를 행하라는 말씀을 받은 아브라함은 온 집안 남자들에게 할례를 시행하게 됩니다. 우리는 이렇게 하나님 말씀에 순종하는 아브라함의 모습을 통해 순종에 대한 두 가지 교훈을 발견하게 됩니다.

첫째는 그다지 특별하게 보이지 않는 일을 특별하게 생각하며 순종하는 것입니다.

할례는 그 당시 근동 지역 부족 사이에 흔하게 행하던 의식이었습니다. 때문에 할례를 행한다는 것이 그리 특별하게 생각되지 않을 수도 있지요. 그렇기에 한두 사람도 아니고 태어난 지 8일 이후의 전체

남자에게 할례를 행하기엔 조금 귀찮은 생각이 들 수도 있었을 것입니다. 아브라함 집안의 권속들은 남자들만 수백 명이 넘었을 테니까요. 어쩌면 그중엔 이러저러한 이유로 할례를 거부하는 사람도 있을 수 있었겠지요. 하지만 아브라함은 이 의식을 아주 특별하게 생각하고 대상이 되는 모든 남자를 불러들여 자기 앞에서 할례를 시행한 것으로 보입니다. 즉, 대충 집안사람들에게 할례해야 한다고 말하고 하든지 말든지 신경 쓰지 않고 넘어간 게 아니라 일일이 확인했다는 것입니다. 일반 사람들이 별로 특별하게 생각하지 않을 수도 있는 그런 일을 아브라함은 특별하게 생각하고 실행했다는 것이지요. 왜? 하나님의 말씀이었기 때문입니다. 이처럼 아브라함의 순종은 일반적일 수 있는 일일지라도 하나님의 말씀이기에 특별하게 생각하며 실행하는 순종이라 할 수 있겠습니다.

둘째는 하나님의 은혜가 한 사람의 순종을 통해 집안 전체에 임하게 된다는 것입니다.

오늘 본문에서 할례를 받은 사람들은 아브라함에게 속한 모든 권속입니다.

거기엔 아브라함과 혈통적으로 전혀 관계없는 사람들 즉, 자원해서 종이 된 사람 혹은 돈을 주고 사서 종이 된 사람, 종이 된 부모를 통해 태어난 사람, 어쩌면 아브라함이 갈대아에서 떠나올 때부터 함께 동행했던 사람과 일정한 월급을 주며 고용한 용병 등과 같이 여러 종류의 사람들이었을 것입니다. 게다가 이들은 대부분 아브라함이 믿는 야웨 하나님을 믿지 않거나 자기들 나름대로의 민족 신(神)을 신앙하고 있었겠지요. 그런데도 아브라함은 이러한 모든 권속들에게 하나님이 명하신 할례를 시행합니다. 이들의 입장에서 보면 자기들의 의사와는 전혀 상관없이 아브라함 한 사람의 순종에 의해 할례를 받게 되는 것이지요. 그러나 이들이 모르고 있는 것이 있습니다. 아브라함을 통해 할례를 받게 되면 그 사람이 어디서 어떻게 살아왔건, 누구이든, 또 어떤 신앙을 가지고 있든지 간에 하나님의 은혜를 받게 된다는 것입니다. 자의 반, 타의 반으로 할례를 했든, 억지로 했든 간에 모두 하나님의 은혜의 대상자가 되는 것입니다.

이처럼 아브라함 한 사람의 순종으로 인해 본인들은 전혀 알지도 못하고 깨닫지도 못하지만 하나님의 은혜를 받게 되는 것입니다. 완전 대박이죠!

우리는 오늘 묵상을 통해 나 한 사람의 순종이 내 집안 권속들에게, 내가 사는 지역 사회에, 내가 살아 숨 쉬고 있는 이 나라와 민족에게 하나님의 은혜를 입게 한다는 사실을 깨달아야 합니다.

그다지 중요해 보이지 않는 일일지라도 그것이 하나님의 말씀이라면 특별하게 생각하고 일해 봅시다. 흔하디흔한 일일지라도 하나님의 뜻이라고 생각된다면 특별하게 생각하며 대해 봅시다.

하루하루, 주어진 일상의 흔한 일들을 특별하게 생각하며 행하는 삶이 되시길.

〈Group 묵상 - P.I.M.S〉

* 찬양/ 성령의 임재를 위하여

* 나눔 I(삶)/ 삶의 자리 속에서 보고 들은 사건, 생각, 심리변화

* 읽기(Perusing)/ 묵상 메시지를 읽고, 천천히 성서를 정독하기

* 찾기(Inquiring)/ 본문 속에서 하나님과 인생의 모습을 찾아 기록하기

* 묵상(Meditation)/ 나, 너, 그리고 우리의 자화상을 깨닫고 기록하기

* 나눔 II(Sharing)/ 묵상을 통해 얻은 깨우침을 나누고 기록하기

* 찬양과 기도

하늘과 땅을 아우르는 신앙

여호와께서 마므레의 상수리나무들이 있는 곳에서 아브라함에게 나타나시니라. 날이 뜨거울 때에 그가 장막 문에 앉아 있다가 눈을 들어본즉 사람 셋이 맞은편에 서 있는지라. 그가 그들을 보자 곧 장막 문에서 달려 나가 영접하며 몸을 땅에 굽혀 이르되, 내 주여 내가 주께 은혜를 입었사오면 원하건대 종을 떠나 지나가지 마시옵고 물을 조금 가져오게 하사 당신들의 발을 씻으시고 나무 아래에서 쉬소서. 내가 떡을 조금 가져오리니 당신들의 마음을 상쾌하게 하신 후에 지나가소서. 당신들이 종에게 오셨음이니이다. 그들이 이르되 네 말대로 그리하라.

〈묵상 메시지〉

하나님은 아브라함에게 할례를 명하신 후, 얼마 지나지 않아 아브라함에게 다시 나타나십니다. 그런데 이번에는 환상 중에 나타나신 것이 아니라 인간의 모습으로 나타나십니다. 놀라운 것은 그렇게 나타나신 하나님을 아브라함은 알아보고 영접했다는 것이지요. 우리는 이렇게 나타나신 하나님과 영접하는 아브라함의 모습을 통해 하나님과 아브라함의 특별한 성품을 발견할 수 있습니다.

첫째, 하나님의 의외성입니다. 오늘 본문에서 하나님은 누구도 생각지 않은 시간과 장소에 나타나셨습니다. 중동의 한낮은 매우 덥기 때문에 거의 일을 하지 않고 낮잠을 자거나 쉬는 시간입니다. 그렇기에 그 시간에는 돌아다니는 사람이 거의 없습니다. 그런데 바로 그 시간에 하나님이 나타나신 것입니다.

우리는 이러한 하나님의 모습을 통해 하나님의 역사는 인간의 시간에 맞추어져 있는 것이 아니라는 것과 하나님은 인간의 때와 장소에 구애를 받지 않으시고 역사하시는, 제한받지 않으시는 분이라는 사실을 깨닫게 됩니다.

둘째, 이렇게 갑작스레 나타나신 하나님을 영접하는 아브라함을 통해 그의 성품을 보게 됩니다. 우선 그는 모두가 낮잠을 자거나 쉬는 뜨거운 한낮의 시간에 깨어 있습니다. 그가 무엇을 하고 있었는지는 알 수 없지만, 그 시간에 깨어 장막 문 앞에 앉아 있었다는 것은 마치 뭔가를 하고 있었거나 누군가를 기다리고 있는 것처럼 보입니다. 아무튼 그는 깨어서 뭔가를 하고 있었다는 것은 틀림없는 것 같습니다. 그의 이러한 모습을 통해 우리는 깨어 있는 신앙 성품의 모습을 보게 됩니다.

두 번째로 아브라함은 모두가 돌아다니지 않는 시각에 나타난 사람들을 향해 기다렸다는 듯이 나가 대단한 예의를 갖추어 맞이하고 있습니다. 가만히 보면 아브라함은 이미 어느 정도의 세력이 있는 사람으로서 족장급의 사람인데 지나칠 정도의 정성으로 대접하고 있습니다.

어쩌면 그는 자기가 나그네로서 긴 여행을 통해 여기까지 와서 정
착하게 된 것에 대한 격세지감을 나그네들을 통해 느꼈을지도 모릅
니다. 나그네의 피곤함과 배고픔을 잘 알고 있었기에 그렇게 지극 정
성으로 대접했을 것입니다. 그 속사정이야 어떠하든 우리는 이 모습
을 통해 인간에 대한 정(情)과 겸손을 갖춘 그의 모습을 보게 됩니다.

세 번째로 우리는 낯선 나그네들을 영접하는 아브라함의 모습을
통해 그는 이미 그 나그네들의 모습 속에서 하나님의 모습을 발견하
고 있었다는 생각을 할 수 있습니다.

본문을 가만히 살펴보면 그 나그네들을 발견하자마자, 그는 달려
나갔고 몸을 땅에 굽혔다고 기록되어 있습니다. 이러한 모습은 100세
가 된 족장급의 아브라함이 알지도 못하는 낯선 나그네들에게 할 행
동은 아니라고 생각됩니다. 그가 이러한 행동을 할 수 있었던 것은
그 나그네들의 모습 속에서 하나님의 모습을 보았기 때문이 아닐까
요. 아무튼 이렇게 나그네를 영접하는 아브라함의 모습을 통해 우리
는 나그네의 모습 속에서도 하나님을 발견할 수 있는 깊은 혜안과 통
찰력을 지닌 아브라함의 모습을 보게 됩니다.

우리는 오늘 묵상을 통해 하나님의 의외성과 자율성에 대해 생각
해야 합니다. 그분은 우리가 생각하는 것처럼 예배당 안에만 묶여 있
는 분이 아닙니다. 또 그분은 반드시 정해진 시간에만 예배를 받으시
는 틀에 박힌 분도 아니라는 것이지요. 그분은 인간의 계획과 시간과
장소에 전혀 구애받지 않고 역사하시는 제한받지 않으시는 하나님이

라는 것을 우리 인간은 잊지 말아야 하겠습니다.

또한 우리는 오늘 묵상을 통해 깨어 있는 성도의 모습에 대해 생각해야 합니다. 진정 깨어 있는 성도는 아브라함과 같은 모습이 아닐까요. 그것은 신앙적인 부분만이 아니라 인간과의 관계에도 적용되는 것 같습니다. 깨어 있다는 것은 하나님만 잘 섬기면 되는 것이 아니라, 인간에 대한 예의와 겸손 그리고 인간다움의 정(情)을 갖춘 모습이 아닐까요.

오늘날 우리의 신앙은 하늘을 향해서만 눈과 마음을 맞추려 하는 경향이 짙습니다. 그래서 하늘의 신앙은 많은데, 이 세상을 향해 성육신하신 예수 그리스도의 마음을 담은, 땅을 향한 땅의 신앙은 부족한 것 같습니다. 깨어 있음은 하늘과 땅을 아우르는 신앙이라는 것, 이것을 오늘 아브라함이 보여 주고 있는 것이 아닐까 합니다. 모두가 손가락으로 하늘만을 가리킬지라도 당신만은 하늘과 땅을 모두 아우르는, 진정 깨어 있는 신앙인으로 살아가시길 두 손 모아 빕니다.

〈Group 묵상 - P.I.M.S〉

* 찬양/ 성령의 임재를 위하여

* 나눔 I(삶)/ 삶의 자리 속에서 보고 들은 사건, 생각, 심리변화

* 읽기(Perusing)/ 묵상 메시지를 읽고, 천천히 성서를 정독하기

* 찾기(Inquiring)/ 본문 속에서 하나님과 인생의 모습을 찾아 기록하기

* 묵상(Meditation)/ 나, 너, 그리고 우리의 자화상을 깨닫고 기록하기

* 나눔 II(Sharing)/ 묵상을 통해 얻은 깨우침을 나누고 기록하기

* 찬양과 기도

사라의 미소

그들이 아브라함에게 이르되 네 아내 사라가 어디 있느냐. 대답하되 장막에 있나이다. 그가 이르시되 내년 이맘때 내가 반드시 네게로 돌아오리니 네 아내 사라에게 아들이 있으리라 하시니 사라가 그 뒤 장막 문에서 들었더라. 아브라함과 사라는 나이가 많아 늙었고 사라에게는 여성의 생리가 끊어졌는지라. 사라가 속으로 웃고 이르되 내가 노쇠하였고 내 주인도 늙었으니 내게 무슨 즐거움이 있으리요. 여호와께서 아브라함에게 이르시되 사라가 왜 웃으며 이르기를 내가 늙었거늘 어떻게 아들을 낳으리요 하느냐 여호와께 능하지 못한 일이 있겠느냐 기한이 이를 때에 내가 네게로 돌아오리니 사라에게 아들이 있으리라. 사라가 두려워서 부인하여 이르되 내가 웃지 아니하였나이다. 이르시되 아니라 네가 웃었느니라.

〈묵상 메시지〉

지구 상에 사는 모든 생물은 태어나서 살다가 쇠약해져 결국 죽게 됩니다. 이것은 하나님께서 만드신 자연의 법칙입니다. 때문에 그 어떤 생물도 그 법칙을 거스를 수가 없으며 그 법칙 안에서 삶을 영위해야 합니다. 이러한 모습을 가리켜 우리는 자연스럽다고 말합니다.

그런데 성서 곳곳에는 이러한 자연스러움이 통하지 않는 이야기들이 기록되어 있습니다. 오늘 본문의 이야기만 해도 그렇습니다. 생리가 벌써 끊어진 90세가 된 할머니가 애를 낳는다니요! 우리가 들어도 말도 안 되는 일이라며, '푸훗' 하고 코웃음을 칠 만한 일인데 그 이야기를 듣는 당사자는 어땠을까요.

아브라함의 아내 사라는 자신의 귀로 자기가 임신할 거라는 얘기를 듣게 됩니다. 그 이야기를 듣는 순간 그녀는 속으로 웃게 됩니다. 아주 자연스러운 반응이지요. 하나님도 참, 지금 농담하시나? 내 나이가 몇인데, 생리가 끝난 지도 언제인가 가물가물하구먼.

사라의 이러한 반응은 지극히 자연스러운 것입니다. 하지만 우리는 자연스러운 반응을 보이는 사라를 향한 하나님의 말씀에 주목해야 합니다. "여호와께 능하지 못한 일이 있겠느냐"

사라는 자연법칙 속에서 평생을 살아왔기에 불가능한 일이라고 생각하고 있지만, 하나님은 내게 능치 못할 일이 있겠느냐고 반문하십니다. 사라가 임신한다는 것은 자연법칙 속에서는 분명 불가능한 것이며 부자연스러운 것이겠지요. 하지만 사라의 문제는 그러한 자연스러운 시각으로 이 세상을 창조하신 하나님을 보고 있다는 것입니다. 즉, 사라의 믿음은 하나님을 믿긴 믿되 자연법칙 속에 갇혀서 믿고 있는 것입니다.

오늘 우리는 사라와 같은 믿음으로 살아가고 있지는 않은지요. 교회 다니며 신앙생활을 하고 있지만 내가 자라온 환경과 배워 온 지식으로 형성된 상식 수준으로 하나님을 믿고 있지는 않은가요. 그렇기에 내 믿음으로 오히려 하나님의 역사를 제한하고 있지는 않은지요. 나의 믿음이 오히려 하나님 역사의 걸림돌이 된다면 그것은 바람직한 믿음이 아닐 것입니다.

우리는 오늘 묵상을 통해 분명하게 깨달아야 합니다. 나는 비록 약하나 주 예수는 강하고, 나는 비록 자연법칙 속에 매여 살 수밖에 없는 한계를 지닌 인간이지만, 하나님은 그 자연을 창조하신 분이라는 사실을 말입니다.

난 태어났을 뿐이고, 살아가고 있을 뿐이며, 잠시 후엔 쇠약해져서 죽게 되겠지만, 하나님은 영원하신 분이며 능치 못할 일이 없으신 분입니다.

부디 우리의 믿음이 자연의 법칙에 매여 그 속에서만 형성되는 것이 아니라, 점점 자라서 그리스도의 장성한 자의 분량에 이르기를 소망합니다.

〈Group 묵상 - P.I.M.S〉

* 찬양/ 성령의 임재를 위하여

* 나눔 I(삶)/ 삶의 자리 속에서 보고 들은 사건, 생각, 심리변화

* 읽기(Perusing)/ 묵상 메시지를 읽고, 천천히 성서를 정독하기

* 찾기(Inquiring)/ 본문 속에서 하나님과 인생의 모습을 찾아 기록하기

* 묵상(Meditation)/ 나, 너, 그리고 우리의 자화상을 깨닫고 기록하기

* 나눔 II(Sharing)/ 묵상을 통해 얻은 깨우침을 나누고 기록하기

* 찬양과 기도

아브라함과 하나님 나라

<묵상 본문> 창세기 18:16~19

그 사람들이 거기서 일어나서 소돔으로 향하고 아브라함은 그들을 전송하러 함께 나가니라. 여호와께서 이르시되 내가 하려는 것을 아브라함에게 숨기겠느냐 아브라함은 강대한 나라가 되고 천하 만민은 그로 말미암아 복을 받게 될 것이 아니냐. 내가 그로 그 자식과 권속에게 명하여 여호와의 도를 지켜 공의와 정의를 행하게 하려고 그를 택하였나니 이는 나 여호와가 아브라함에게 대하여 말한 일을 이루려 함이니라.

<묵상 메시지>

이 말씀에서는 하나님께서 아브라함을 통해 이 세상 가운데 이루고자 하시는 계획을 좀 더 구체적으로 알게 됩니다.

하나님의 계획은 무엇입니까. 첫 번째는 아브라함으로 하여금 큰 민족을 이루고 강대한 나라가 되는 것입니다. 두 번째는 아브라함을 통해 천하 만민이 복을 받는 것입니다. 여기까지는 창세기 12장부터 하나님이 아브라함을 부르시며 주신 비전에 해당되는 부분이지요. 이 부분은 우리가 일반적으로 잘 알고 있는 내용들입니다.

그런데 오늘 말씀 속에는 그동안 아브라함에게 주셨던 비전 가운데 우리에게 약간 생소한 부분이 있습니다. 다름 아닌 19절의 아브라

함의 자손들이 여호와의 도를 지키는 것, 즉 공의와 정의를 행하게
하려고 아브라함을 선택하셨다는 부분입니다.

지금까지 하나님은 아브라함에게 4번 나타나셨고 그때마다 창대함
에 대한 비전을 주셨습니다. 하지만 다섯 번째가 되는 창세기 18장의
본문에는 우리에게 잘 알려진 내용과 함께 첨가된 내용이 있습니다.
여호와의 도 즉, 정의와 공의입니다. 이 첨가된 부분을 연결하여 오늘
본문의 내용을 정리해 보면 다음과 같습니다.

"아브라함은 강대한 나라가 될 것이다. 천하 만민은 그를 통해 복
을 받게 될 것이다. 그 강대한 나라는 어떤 나라인가. 그 나라는 아브
라함의 자손들로 이루어져 있으며 여호와의 도를 지켜 정의와 공의
를 행하는 나라이다. 바로 이 나라를 통해 천하 만민이 복을 받게 될
것이다"

우리는 흔히 아브라함의 자손으로 이루어진 나라를 현재 이스라엘
이라고 생각합니다. 육신의 혈통적인 면에서는 어느 정도 인정이 됩
니다만, 오늘날 그 이스라엘이 행하고 있는 모습을 보면 오늘 본문에
서 하나님이 원하시는 정의와 공의를 행하여 천하 만민에게 복을 끼
치는 그 나라와는 거리가 멀다는 것을 깨닫습니다. 현재 이스라엘은
팔레스틴에서 아랍 사람들을 다 몰아내기까지 결코 전쟁을 멈추지
않을 것이기 때문입니다.

혹자들은 말합니다. 이스라엘 민족에게 복음을 전하여 그들이 예

수님을 믿게 되면 그때 예수님의 재림이 이루어진다고. 그것은 성서를 너무 문자적으로 해석하여 오해함으로써 나오게 된 주장이라고 생각합니다. 이미 신약 성서는 하나님의 백성은 육신의 혈통을 통해 되는 것이 아니라는 것을 증거하고 있습니다. "영접하는 자, 곧 그 이름을 믿는 자들에게는 하나님의 자녀가 되는 권세를 주셨으니, 이는 혈통으로나 육정으로나 사람의 뜻으로 나지 아니하고 오직 하나님께로부터 난 자들이니라"(요 1:12~13)

그렇습니다. 우리는 성서의 모든 내용을 정확하게 해석할 수는 없겠지만, 성서에 흐르는 정신은 이미 혈과 육을 뛰어넘은 초인류적이며 초민족적이며 초국가적인 하나님의 백성들을 이야기하고 있다는 것입니다.

그러므로 오늘 이 시대 속에서 누가 아브라함의 자손으로서 강대한 나라에 대한 약속을 이어갈 자이겠습니까. 바로 예수 그리스도를 왕으로 모시고 사는 사람들, 즉 '예수의 사람들'인 것입니다. 동시에 천하 만민에게 복을 받게 하는 강대한 나라는 이 예수의 사람들이 이 땅에서 만들어 가는 하나님나라인 것입니다.

세상을 변화시킬 수 있는 것은 총이나 칼과 같은 무기로 이루어진 폭력이 아니요 그리스도의 사랑입니다. 그 사랑이 심장에 꿈틀대며 눈동자에서 입술에서 손과 발을 통해 뿜어져 나오는 바로 그 사람, 그 사람이 아브라함의 자손이며 그를 통해 많은 사람들이 복을 받게 될 것입니다.

오! 나의 왕이신 예수 그리스도시여,

당신의 사랑에 푹 젖어들게 하소서.

나의 눈동자에 적개심과 미움을 제거하시고

나의 입으로 당신의 사랑을 한 움큼 베어 물어

입을 열 때마다 그 사랑 뚝뚝 떨어지게 하시며

나의 손과 발이 당신의 사랑에 잠겨 움직일 때마다 그 향기 흐르게

하소서.

내 심령 가장 깊은 곳 어디엔가 있을 많은 상처들을 먼저 발견하시

고 치유하사 그 상처에서 흘러나오는 악취로부터 나를 구원하소서.

그 사랑에 젖어 주위 사람들에게 복을 끼치는 하루되시길.

〈Group 묵상 - P.I.M.S〉

* 찬양/ 성령의 임재를 위하여

* 나눔 I(삶)/ 삶의 자리 속에서 보고 들은 사건, 생각, 심리변화

* 읽기(Perusing)/ 묵상 메시지를 읽고, 천천히 성서를 정독하기

* 찾기(Inquiring)/ 본문 속에서 하나님과 인생의 모습을 찾아 기록하기

* 묵상(Meditation)/ 나, 너, 그리고 우리의 자화상을 깨닫고 기록하기

* 나눔 II(Sharing)/ 묵상을 통해 얻은 깨우침을 나누고 기록하기

* 찬양과 기도

소돔과 고모라의 부르짖음(1)

여호와께서 또 이르시되 소돔과 고모라에 대한 부르짖음이 크고 그 죄악이 심히 무거우니, 내가 이제 내려가서 그 모든 행한 것이 과연 내게 들린 부르짖음과 같은지 그렇지 않은지, 내가 보고 알려 하노라.

〈묵상 메시지〉

아브라함으로부터 대접을 잘 받은 하나님의 사자 일행은 그 목적지인 소돔과 고모라를 향해 길을 떠나게 됩니다. 그들은 길을 떠나면서 아브라함에게 소돔과 고모라에 가는 이유를 설명해 줍니다. 천사들의 설명을 통하여 우리는 하나님의 성품을 또다시 발견하게 됩니다. 하나님은 죄악으로 인한 부르짖음을 듣고 확인하는 분이라는 것이지요.

여기서 우리는 한 가지 궁금해집니다. 대체 누가 부르짖는단 말인가요? 분명 누군가 부르짖었기에 하나님이 들으셨다는 것이지요. 앞으로 묵상하게 되겠지만 우리가 잘 알고 있는 것처럼 소돔과 고모라는 의인 10명이 없어 멸망하게 되는 도시 국가입니다. 그런데 그렇게 악한 곳에서 누가 부르짖었을까요?

창세기 4장에 보면 가인이 아벨을 죽이는 장면이 나옵니다. 그때 하나님은 아벨의 피의 소리가 땅에서부터 호소한다고 말씀하십니다. 즉 억울하게 죽은 아벨의 피가 부르짖었다는 것입니다. 생물학적으로

과학적으로 설명은 할 수 없지만, 아무튼 억울하게 죽은 아벨의 피가
하나님께 호소했다는 것이지요. 이러한 성서 내용을 통해 오늘 본문
을 유추해 본다면 소돔과 고모라에서 억울하게 죽은 사람들의 피가
부르짖었다고 봐야 할 것 같습니다. 즉 한두 사람이 아니라, 수많은
희생자들의 피의 소리가 하나님께 들렸기에 확인까지 해야 했다는
것이지요.

처음부터 소돔과 고모라가 악했던 것은 아닐 것입니다. 그곳의 땅
은 매우 비옥한 곳이기에 물과 식량이 풍부하고 사람들의 인심이 좋
아 살기 좋은 지역이었을 것입니다. 그런데 언제부터인가 사람들의
마음이 악해지기 시작했겠지요. 그 원인은 나와 있지 않아 정확히는
알 수 없습니다만, 가장 일반적으로 탐욕이 원인이지 않을까요? 사람
들의 마음이 탐욕스럽게 변해 가자 서로 원하는 것과 더 좋은 것을
갖기 위해 경쟁을 하게 되었을 것이고 그러다 보니 서로 적이 되어
싸우다가 결국 사람을 죽이기까지 했겠지요.

그 도시의 양심이 살아 있는 누군가는 그러한 모습을 보고 경고도
하며 바로 잡으려 노력했겠지만, 오히려 공격을 당하여 죽거나 다치
거나 하여 그곳을 떠나게 되었을 것입니다. 또 어떤 사람들은 양심적
으로 바로 살려고 나름대로 노력하며 살았을 것입니다. 하지만 탐욕
스런 사람들은 양심적인 사람들을 그냥 두지 않았을 것입니다. 인류
역사의 발자취를 대충 훑어보아도 탐욕스런 사람들이 양심적으로 사
는 사람들을 그냥 두고 본 적이 없으니까요.
　결국 양심적으로 살려고 노력했던 사람들도 억울하게 죽임을 당하

거나, 여러 가지 핍박을 견디다 못해 그곳을 떠나게 되었을 것입니다. 결국 소돔과 고모라에는 의인이라고 할 만한 사람들은 죽거나 떠나서 거의 없게 되었다는 것입니다. 생각해 보세요. 의인이라고 부를 만한 사람들이 없는 도시의 모습을 말입니다. 물질적으로는 풍요롭지만 영적인 황폐함으로 가득 찬 도시, 도덕과 윤리는 땅에 떨어지고 온갖 권모술수와 불법이 난무하는 도시, 부정과 부패라는 부조리의 구조 속에서 벗어나지 못하고 그 속에서 죽어 가는 사람들과 그 모습을 보면서도 남의 일이라고 침묵하며 사는 사람들, 소돔과 고모라의 부르짖는 소리는 바로 이러한 소리들이 아니었을까요?

우리는 이 묵상을 통해 살아 계셔서 이 모든 것을 보고 듣고 계시는 하나님의 모습을 보아야 합니다. 방관자로서가 아니라 가슴 아파하며 살아 있는 양심에 호소하시는 하나님의 모습을 말입니다. 동시에 우리는 자신들의 잘못을 깨닫고 변화되기를 기다리고 계시는 하나님의 모습을 보아야 합니다. 바로 이러한 하나님의 모습이 구약과 신약 성서를 통해 보여 주고 있는 하나님의 마음입니다.

오늘 우리가 살아가고 있는 세상이 보다 좋은 것을 위하여, 보다 많은 것을 위하여라는 가치관을 부추기는 세상이라면, 오늘 우리는 또 다른 소돔과 고모라에 살고 있는 것은 아닐까요? 이러한 의미에서 하나님이 보시는 의인의 기준 가운데 '지족(知足)할 줄 아는 사람'이 있지 않을까 하는 생각을 하게 됩니다.

오늘 하루, 내게 있는 것들에 대해 감사하며 살아가는 것은 어떨는지요

* 찬양/ 성령의 임재를 위하여

* 나눔 I(삶)/ 삶의 자리 속에서 보고 들은 사건, 생각, 심리변화

* 읽기(Perusing)/ 묵상 메시지를 읽고, 천천히 성서를 정독하기

* 찾기(Inquiring)/ 본문 속에서 하나님과 인생의 모습을 찾아 기록하기

* 묵상(Meditation)/ 나, 너, 그리고 우리의 자화상을 깨닫고 기록하기

* 나눔 II(Sharing)/ 묵상을 통해 얻은 깨우침을 나누고 기록하기

* 찬양과 기도

그리스도인의 변론(辯論)

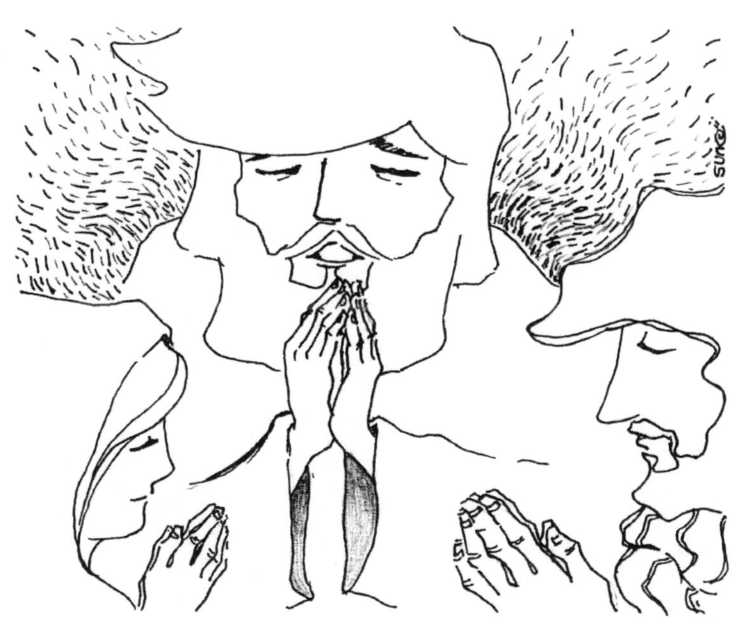

<묵상본문> 창세기 18:22~33

아브라함이 또 이르되 내가 감히 내 주께 아뢰나이다. 거기서 이십 명을 찾으시면 어찌 하려 하시나이까. 이르시되 내가 이십 명으로 말미암아 그리하지 아니하리라.

아브라함이 또 이르되 주는 노하지 마옵소서. 내가 이번만 더 아뢰리이다. 거기서 십 명을 찾으시면 어찌 하려 하시나이까. 이르시되 내가 십 명으로 말미암아 멸하지 아니하리라.

여호와께서 아브라함과 말씀을 마치시고 가시니 아브라함도 자기 곳으로 돌아갔더라.

<묵상 메시지>

우리는 오늘 너무나 잘 알려져 있는 성서의 내용을 대하게 됩니다. 하나님의 사자들이 소돔 지역을 심판하러 떠나가자 아브라함은 하나님과 대화를 하기 시작합니다. 대화라기보다는 거의 애원과 타협에 가까운 변론적인 내용이지요. 아브라함은 아마 소돔 지역을 멸망 가운데서 건져내고 싶었던 모양입니다. 그 이유에 대해 사람들은 대체적으로 자기 조카 롯이 소돔에 살고 있기에 조카를 구원하기 위해서 하나님께 기도했다고들 이야기 합니다만, 글쎄요, 그런 생각이 아주 없는 것은 아니었겠지만 단지 그 이유만으로 대화했다고 보기엔 좀 무리가 있다는 생각이 듭니다.

예를 들어 입장을 바꿔 오늘 내게 하나님이 오셔서 내 고향을 심판하신다고 할 때, 내 어머니만을 구하기 위해 청주에 대해 이러 저러한 변론을 할 것인가? 생각해 본다면 그 답은 '아니'라는 것입니다. 내 목적이 내 어머니에 대한 구원이라면 나는 하나님께 솔직하게 저를 보셔서 어머니를 구원해 달라고 기도할 것입니다. 물론 고향인지라 여기 저기 마음에 걸리는 사람들이 많이 있다면 아브라함처럼 고향을 위해 변론할 수도 있겠지요...

하지만 아브라함은 소돔에 조카 롯의 가족 외에는 아무런 연고도 없고 아는 사람도 없습니다. 그렇기에 소돔을 위한 아브라함의 변론이 조카 롯만을 위한 변론이라고 보기엔 무리가 있다는 것입니다. 제가 보기엔 아브라함의 변론은 순수한 인류애에서 비롯된 변론이었다고 보는 게 옳은 것 같습니다. 왜냐하면 아브라함은 그 이름이 아브람, 즉 한 집안의 아비에서 아브라함, 즉 열국의 아비로 바뀌었기에 이제 아브라함의 생각의 틀은 한 집안이 아닌 인류를 생각하는 큰 사람으로 변화되었을 것이고 하나님께서도 그것을 위하여 그를 연단하실 것이기 때문이지요.

이러한 입장에서 오늘 아브라함의 변론을 우리 삶에 적용해 볼 수 있을 것 같습니다.
아브람이 아브라함으로 이름이 바뀐 것처럼 우리는 그리스도인, 즉 '그리스도의 사람'이라는 새로운 이름을 가지고 있습니다. 이것은 우리가 내 가족과 내 집안만을 생각하는 사람에서 인류를 위해 십자가를 지신 예수 그리스도처럼 그 생각과 가치관이 변해야 함을 의미하는 것입니다. 만일 내가 아직도 내 가족과 내 집안만을 생각하는 사람이라면 나는 아직 그리스도인이 아닐지 모릅니다. 만일 아브라함이 단순히 조카 롯만을 위해 그렇게 장황하게 변론을 했다면 열국의 아비라는 '아브라함'이라는 이름이 얼마나 무색한 것이며 또 그 이름을 주신 하나님은 얼마나 무안하실까요?

우리도 마찬가지 아닐까요? 예수 믿고 교회에 10년, 20년, 아니 평생을 다녔다고 해서 그리스도인이 아니라, 그 이름에 맞게 생각하고 판단하고 선택하며 살아야 그리스도인이 맞지 않느냐는 것입니다.

인류를 위해 십자가를 지신 그리스도의 사람이라고 하면서 내 집안, 내 가족, 나하고 친한 사람, 내게 잘해주는 사람, 내 혈연, 내 지연, 내 학연 위주로 생각하고 판단하고 선택하며 살아간다면 모양이 우습지 않나요? 아마 그래서 우리 그리스도인들이 뭔가 열심히 잘하다가도 욕을 많이 먹나 봅니다. 그렇게 열심을 낸 것이 다 혈연, 지연, 학연과 같은 자기들하고 관계된 사람들만 위한 것이었다는 것이지요…

오늘 우리는 순수한 인류애를 위해 전능하신 하나님께 변론하고 있는 열국의 아비 아브라함의 모습 속에서 '그리스도인'이라는 이름으로 살아가고 있는 내 모습을 보아야 합니다. 바로 그 아브라함의 모습이 오늘 내가 그리스도인으로서 하나님 앞에 서 있어야 할 모습인 것입니다.

오늘은 내가 사는 지역을 위해 기도하며 살아보면 어떨까요? 좀 더 여유가 된다면 내 고향을 위해, 내가 알고 있는 그 어떤 도시를 위해, 순수한 인류애를 가지고 기도하는 하루가 되었으면 합니다…

〈 Group 묵상 - P.I.M.S 〉

* 찬양/ 성령의 임재를 위하여

* 나눔 I (삶)/ 삶의 자리 속에서 보고 들은 사건, 생각, 심리변화

* 읽기 (Perusing)/ 묵상 메시지를 읽고, 천천히 성서를 정독하기

* 찾기 (Inquiring)/ 본문 속에서 하나님과 인생의 모습을 찾아 기록하기

* 묵상 (Meditation)/ 나, 너, 그리고 우리의 자화상 깨닫고 기록하기

* 나눔 II (Sharing)/ 묵상을 통해 얻은 깨우침 나누고 기록하기

* 찬양과 기도

소돔과 고모라의 부르짖음(2)

그들이 눕기 전에 그 성 사람 곧 소돔 백성들이 노소를 막론하고 원근에서 다 모여 그 집을 에워싸고 롯을 부르고 그에게 이르되 오늘 밤에 네게 온 사람들이 어디 있느냐 이끌어 내라 우리가 그들을 상관하리라(Bring them out to us so that we can have sex with them - N.I.V).

〈묵상 메시지〉

소돔의 백성들은 롯의 집을 방문한 사람들을 이끌어내기 위해 그의 집으로 몰려옵니다. 소돔 사람들의 목적은 롯의 집을 방문한 낯선 나그네들을 성폭행하기 위함이었습니다. 참으로 기가 막힐 모습입니다. 나이가 많건 적건 간에 한마음이 되어 남자가 남자를 성폭행하려 하다니요. 게다가 이러한 악한 모습을 보면서도 제지하거나 뭐라고 하는 사람들이 아무도 없습니다. 적극적인 자들은 자기들이 나서서 낯선 나그네를 끌어내어 폭행을 가할 것이고, 주변의 소극적인 자들은 그들이 행하는 광경을 재미삼아 지켜 볼 요량이었겠지요. 폭행을 직접 가하는 사람이든 주변에서 보며 재미있어 하는 사람이든 모두 양심 도착증이라는 올무를 벗어날 수는 없을 것 같습니다.

이러한 소돔 사람들의 양심 도착적인 모습은 현대를 살아가는 오늘 우리에게는 없을까요? 그들의 양심 도착증은 성적 타락이라는 모습으로 나타났지만, 오늘 우리 시대 속에서는 더욱 다양하게 나타나고 있지 않은가 합니다.

　지금은 조금씩 잊혀져가고 있는 사건이지만, 해안가에 기름 유출 사고가 나서 수많은 어민들과 해양 생태계가 엄청난 피해를 입어도 책임을 지려는 사람이 없습니다. 정치와 경제가 엉망이 되어 백성들의 한숨은 늘어만 가도 자기 책임이라며 가슴을 치며 아파하는 정치인이나 경제인들은 없습니다. 정경 유착이나 부정부패가 만연하여 공의가 바닥을 쳐도 다윗 왕을 꾸짖던 나단 선지자와 같은 종교 지도자들은 없습니다.

　사람들은 자기의 이익을 위해서라면 음식에 독극물도 넣고 광우병에 걸린 소고기를 먹고 병이 나도 상관하지 않으며 여러 식물의 유전자 변형까지도 서슴지 않습니다. 전 지구적인 기후 이상으로 인해 세계는 홍수와 가뭄과 기근으로 신음하는 가운데 선진국들은 자국(自國)의 생태계를 보호하기 위해 수십조 원을 들여 세운 멋있는 댐과 운하를 원래의 모습으로 복구하고 있는데 우리나라 국민들은 선진국이 밟았던 자취를 개발이라는 이름으로 똑같이 따라가며 생태계를 파괴해도 별로 가슴아파하지 않습니다.

　우리는 소돔 사람들을 향해 말합니다. 어떻게 인간으로서 그럴 수 있느냐고… 그렇습니다. 소돔 사람들이 저지르는 성적 타락의 모습은 인간으로서 양심이 살아 있다면 할 수 없는 행위일 것입니다. 마찬가지입니다. 오늘날 우리가 살고 있는 세상 속에서 일어나고 있는 일들도 인간으로서 양심이 살아 있다면 일어날 수 없는 일들입니다. 결국 오늘 우리의 모습이나 소돔 사람들의 모습이나 우리의 시대가 더하면 더했지 다를 바가 없다는 것입니다.

그렇기에 이 글을 쓰는 저나, 읽고 있는 여러분이나 이 시대의 죄로부터 자유로울 수 없는 것입니다. 예수 그리스도께서 십자가를 지고 죄를 속량하셨다고 안심하며 살고 계십니까? 그렇다면 하나만 알고 둘은 모르는 것입니다.

예수께서 십자가를 지고 세상을 위해 대속의 피를 흘리신 것처럼 예수의 사람들도 그분의 십자가 사역을 이어가야 합니다. 그분의 피가 온 세상을 정결하게 하는 것처럼, 오늘 예수의 사람들도 자신들의 십자가를 지며 피를 흘려야 합니다. 그분이 크신 사랑으로 이 세상을 끌어안으며 중보하셨던 것처럼 오늘 예수의 사람들도 죄로 신음하며 죽어가는 이 세대를 끌어안으며 중보해야 합니다. 그분이 이 세상의 인생들을 바라보며 눈물을 흘리셨던 것처럼 오늘 예수의 사람들도 이 세대의 죄악 속에서 신음하는 인생들을 위하여 애통하며 눈물을 흘려야 합니다.

이렇게 하는 것이 나 자신을 이 세대로부터 지키며 동시에 양심 도착증에 빠진 이 세대를 구원의 길로 인도하는 길일 것입니다. 동시에 이것은 하나님의 역사를 이끌어내는 또 다른 의미의 소돔과 고모라의 부르짖음이 될 것입니다. 타인이나 세상을 향한 비판이나 정죄, 이것은 누구나 할 수 있는 것입니다. 하지만 미운 사람과 악하다고 생각되는 세상을 끌어안는 것은 누구나 할 수 없는 것입니다.

비판이나 정죄는 또 다른 원수를 낳고 또 다른 비판과 정죄를 낳게
되지만, 무조건적인 끌어안음은 용서와 사랑 그리고 하나님 나라를
낳게 됩니다. 예수 그리스도께서 십자가를 지면서까지 세상을 끌어안
으셨던 것처럼, 이 아픔 많은 세대를 끌어안는 그리스도인의 삶이 되
었으면 합니다.

〈Group 묵상 – P.I.M.S〉

* 찬양/ 성령의 임재를 위하여

* 나눔 I(삶)/ 삶의 자리 속에서 보고 들은 사건, 생각, 심리변화

* 읽기(Perusing)/ 묵상 메시지를 읽고, 천천히 성서를 정독하기

* 찾기(Inquiring)/ 본문 속에서 하나님과 인생의 모습을 찾아 기록하기

* 묵상(Meditation)/ 나, 너, 그리고 우리의 자화상을 깨닫고 기록하기

* 나눔 Ⅱ(Sharing)/ 묵상을 통해 얻은 깨우침을 나누고 기록하기

* 찬양과 기도

3부

성숙한 인간으로 산다는 것은
(나와 너, 그리고 우리)

인정받고 싶었던 사람(1)

그들이 이르되 너는 물러나라. 또 이르되 이 자가 들어와서 거류하면서 우리의 법관이 되려 하는 도다.

〈묵상 메시지〉

롯은 소돔이라는 도시에 와서 무엇을 느끼며 살았을까요?

그 당시 소돔 지역의 타락성이 근동 지역에 널리 퍼질 정도였다면 아마 롯도 소돔에 살면서 마음이 그리 편하지는 않았을 것입니다. 나날이 악해져만 가는 사람들 속에서 어쩌면 롯은 신앙인으로서 무척이나 갈등하지 않았을까요? 함께 어울려 살자니 신앙이 신경 쓰이고 그렇다고 완전히 등 돌리고 살자니 사람들의 시선이 신경 쓰이고…

여기서 우리는 한 가지 롯에 대해 궁금해지는 게 생깁니다. 그렇다면 삼촌 아브라함처럼 도시 밖에 나가서 살면 되지 왜 그는 도시를 떠나지 않았을까 하는 것입니다. 그는 분명 소돔의 사람들과는 다르게 사람에 대한 예의와 정을 가지고 있었으며 하나님의 사자를 알아볼 수 있는 신앙의 영성을 지닌 사람인데, 왜 굳이 이렇게 타락한 도시를 떠나지 않고 살고 있을까요?

그 이유에 대해 성서를 통해 추측해 본다면 롯은 많은 사람들에게 인정을 받으며 살고 싶어 했기 때문이 아닌가 하는 생각을 하게 됩니다.

오늘 본문에서 롯은 성문에 앉아 있었습니다. 거기서 그가 구체적으로 무엇을 하고 있었는지는 알 수 없습니다. 하지만 성문이라는 공간의 사용 특성을 생각해 볼 때, 롯은 거기서 많은 사람들과 무엇을 하고 있었다는 것은 분명합니다. 많은 사람들이 교역을 하며 왕래하는 그곳, 심지어 재판까지도 수많은 사람들 앞에서 행해지는 그곳, 거기서 롯은 무엇을 하고 있었으며 거기서 그는 무엇을 원했을까요?

장사를 했을까요? 그가 소유한 재력을 생각한다면 장사는 할 필요가 없을 것 같고요. 그보다는 '성문에 앉아 있다'라는 표현은 뭔가 영향력 있는 자리라는 뉘앙스가 있기에, 그곳에서 뭔가 영향력 있는 일을 위해 그곳에 있었다고 생각해 볼 수 있겠습니다. 이렇게 생각할 수 있는 또 한 가지의 근거는 9절에서 소돔 사람들이 롯을 향해 '우리의 법관이 되려 한다'고 말한 것에서 찾을 수 있습니다.

소돔 사람들이 단순히 롯이 자신들의 폭력 행위에 대해 제지하려는 것만을 가지고 법관이라는 단어를 사용한 것 같지는 않습니다. 이미 롯이 그동안 소돔에서 살면서 평소에 보여 주었던 모습이 그러했기에 사람들이 그렇게 말했다고 보는 것이 옳은 것 같습니다. 이렇게 볼 때, 롯이 성문에 앉아 있었던 이유와 목적을 어렴풋이나마 알게 됩니다.

사람은 누구나 인정받으며 살고 싶어 하는 욕구가 있습니다. 그 자체가 나쁜 것은 아닐 것입니다. 그러나 그러한 인정 욕구가 우리 삶의 목적이 되어서는 안 됩니다. 롯은 인정 욕구가 목적이 되었기에 타락한 도시를 과감하게 떠날 수 없지 않았을까요? 많은 갈등이 있었지만 그럼에도 불구하고 그의 인정 욕구는 롯으로 하여금 타락한 도시에 남게 하지 않았을까요? 바로 이러한 인정 욕구 때문에 사람들의 시선을 의식하며 살 수밖에 없었고 바로 그런 점 때문에 소돔 사람들에게 신앙적 도전과 신앙적 영향력을 주지 못한 채 살지 않았나 싶습니다.

하나님의 백성들이 사람들에게 인정을 받으며 산다는 것은 매우 중요한 일일 것입니다. 하지만 하나님의 사람으로서 인정받으며 산다는 것과 단순히 인기를 누리며 산다는 것은 차원이 다른 것입니다. 오늘 우리의 삶과 신앙이 사람들의 시선을 의식하며 인정과 존경받기를 위하여 뭔가를 하고 있다면 오늘 우리도 롯의 신앙으로 살고 있는 것이겠지요.

부디 우리의 모든 삶의 자리에서 롯의 신앙은 점점 사라져 가기를 소원합니다.

〈Group 묵상 – P.I.M.S〉

* 찬양/ 성령의 임재를 위하여

* 나눔 I(삶)/ 삶의 자리 속에서 보고 들은 사건, 생각, 심리변화

* 읽기(Perusing)/ 묵상 메시지를 읽고, 천천히 성서를 정독하기

* 찾기(Inquiring)/ 본문 속에서 하나님과 인생의 모습을 찾아 기록하기

* 묵상(Meditation)/ 나, 너, 그리고 우리의 자화상을 깨닫고 기록하기

* 나눔 Ⅱ(Sharing)/ 묵상을 통해 얻은 깨우침을 나누고 기록하기

* 찬양과 기도

인정받고 싶었던 사람(2)

〈묵상 본문〉 창세기 19:8

내게 남자를 가까이 하지 아니한 두 딸이 있노라 청하건대 내가 그들을 너희에게로 이끌어 내리니 너희 눈에 좋을 대로 그들에게 행하고 이 사람들은 내 집에 들어왔은즉 이 사람들에게는 아무 일도 저지르지 말라.

〈묵상 메시지〉

롯은 생전 처음 본 낯선 나그네들, 그러나 범상치 않은 기운이 느껴지는 나그네들을 보호하기 위해 자신의 두 딸을 정욕에 가득 차 있는 무리에게 내어 주려 합니다.

롯의 이러한 모습을 우리는 과연 어떻게 받아들여야 할까요? 여러분 같으면 이러한 상황에서 어떤 판단과 결정을 내렸을까요? 만일 내가 이러한 상황을 당하게 된다면 나는 절대 내 딸들을 내어 주는 판단이나 결정을 내리지 않을 것입니다. 아마 대부분의 사람들이 저와 같은 상황을 만나게 된다면 마찬가지일거라 생각합니다. 그런데 롯은 자신의 딸들을 내어 주려 합니다. 정말 특별한 사람이 아닌가 싶습니다. 손님을 보호하기 위해 자기 딸들은 어떻게 돼도 상관없다는 말인가요? 손님이 안전하기만 하면 자기 가족들이야 어떤 상처와 고난을 받아도 괜찮다는 건가요? 정말 롯의 생각과 행동을 어떻게 이해해야 할지 대략 난감입니다. 하여 롯의 이러한 모습에 대하여 행동 심리적인 측면에서 생각해 보고자 합니다.

롯은 어릴 적에 부모님을 여의고 할아버지인 데라의 품에서 자라게 됩니다. 얼마 지나지 않아 데라는 손자 롯과 아들 아브람의 가족을 거느리고 갈대아 우르에서 하란으로 이주하여 살다가 데라는 거기서 죽게 됩니다. 그러던 중 아브람이 하나님의 부름을 받게 되었고 롯은 삼촌 아브람과 함께 가나안 땅으로 다시 이주하게 됩니다. 그이후부터는 우리가 아는 것처럼 아브람과 생사고락을 함께 하다가 삼촌 덕분에 큰 재산을 모으게 되고 그 후 삼촌 아브람으로부터 독립하여 소돔 지역에 와서 살게 되었지요.

롯의 인생 여정을 살펴보면 그리 평범하지는 않았지만 그렇다고 특별한 점은 없어 보입니다. 그러나 창세기 19장에서 보이는 롯의 모습은 분명 평범하지 않은 모습입니다. 신앙인으로서 타락한 도시를 떠나지 않고 살고 있는 모습은 전도와 선교를 목적으로 한다기보다는 그곳에서 사람들에게 인정을 받으며 살려는 강한 욕구 때문이라고 지난 시간에 묵상한 바처럼 그는 강한 인정 욕구가 있었습니다. 게다가 오늘 본문에 나오는 롯의 모습은 정말 이해하기 힘든 판단과 결정을 내리고 있습니다. 이 모두가 정말 특별한 모습임에 틀림없습니다.

그렇다면 오늘 자신의 딸을 손님 대신 내어 주려는 행동에 대해 어떻게 이해해야 할까요? 그렇습니다. 이 행동 역시 강한 인정 욕구에서 발현되었다고 보아야 할 것 같습니다. 인정 욕구가 강한 사람은 대체적으로 대의명분 같은 것에 큰 영향을 받기에 일반 사람들이 생각지 못하는 행동을 할 때가 있습니다. 타인들은 도무지 이해가 가지 않고 너무 오버하는 것으로 생각하지만 본인은 그러한 행동이 당연한 것이고 그런 결정과 행동을 하는 자신에 대해 매우 만족해 한다는 것입니다. 즉, 타인의 감정과 입장보다는 자신의 감정과 입장을 더 우선시한다는 것이지요. 그렇기 때문에 오늘 롯처럼 도무지 이해하기 힘든 결정과 행동을 할 수 있는 것입니다. 그러므로 오늘 롯의 행동은 신앙적 양심에서 나온 행위라기보다 내 집에 들어 온 손님을 나는 이렇게까지 보호한다는 대의명분을 만족시키기 위한 강한 인정 욕구에서 발현된 행동이라는 생각이 듭니다.

그렇다면 롯이 이렇게 강한 인정 욕구에 사로잡혀 살게 된 그 원인은 무엇일까요? 앞서 롯의 인생 여정을 살펴보았지만 그리 특이한 사항은 없었습니다만 그 가운데서 추론해 본다면 이렇습니다.

롯은 일찍 부모를 여의게 되었고 조부모와 삼촌 품에서 자랐다는 것, 정서적으로 민감한 시기에 먼 이주 여행을 해야만 했을 것이기에 친한 친구가 없었을 것이라는 것, 삼촌과 함께 어려움을 겪으며 살다가 갑자기 많은 재산을 소유하게 되었다는 것, 그리고 소돔이라는 당시로서는 꽤 큰 도시에 와서 살아가게 되었다는 것 등이다.

여기서 추론할 수 있는 것은 첫째, 롯은 큰 환경적 변화를 많이 겪은 사람으로서 정서가 매우 불안정한 사람이었을 거라는 것과 둘째, 삼촌 아브람이 여러 가지 어려운 상황을 해결해 나가는 과정을 통해 많은 사람들에게 존경과 인정을 받으며 살아가는 모습에 큰 영향을 받았을 거라는 것입니다. 즉 삼촌처럼 사람들에게 존경과 인정을 받으며 살아야겠다는 강렬한 열망 같은 것이겠지요.

이처럼 롯은 불안정한 정서 속에서 형성된 열망으로 인해 소돔이라는 타락한 큰 도시를 떠나지 못한 채, 살다가 오늘과 같은 돌발적인 결정과 행동을 보이게 되었다고 할 수 있겠습니다.

롯은 비록 그 인생 여정이 순탄치는 않았지만 믿음의 홀로서기에서 실패한 전형적인 모습이라고 생각됩니다. 우리는 우리에게 주어진 환경에 대해 선택할 수 있는 여지가 많지 않습니다. 우리가 원하든, 원하지 않든 우리는 주어지는 환경에서 적응하며 살아가야 할 경우가 더 많습니다. 하지만 그렇다고 해서 우리가 불행하다고 해야 할까요? 아닙니다. 모든 것은 하나님께로부터 나오기 때문입니다. 하나님은 공평하신 분입니다. 때문에 오늘의 불가항력적인 환경이 내가 알지 못하는 미래에 큰 도약의 발판이 되기도 합니다. 마찬가지로 오늘의 행운과 같은 환경이 미래에 큰 불행의 씨앗이 되기도 한다는 것이지요.

여기서 중요한 것은 이러한 인생관을 위해 하나님 앞에 믿음의 홀로서기를 해야 한다는 것입니다. 그 누구도 아닌, 전능하신 창조주 하나님 앞에 서 있는 나로서 말입니다. 믿음의 홀로서기는 우리 자신의 연약함과 부족함을 채워 주는 능력의 열쇠와 같습니다. 이것에 성공하면 우리는 세상과 자신을 아름답게 바라보는 하나님의 사람들로 살아가겠지만, 실패하면 자신과 세상을 왜곡된 눈으로 바라보며 살아가게 됩니다. 때문에 우리는 항상 믿음의 홀로서기에 도전하며 살아야 하는 것입니다.

하루하루 바쁜 삶의 자리이겠지만 그 가운데서도 하나님 앞에 서
있는 내 모습을 순간순간 발견하며 살아가시길 바랍니다. 코람 데오.

〈Group 묵상 - P.I.M.S〉

* 찬양/ 성령의 임재를 위하여

* 나눔 I(삶)/ 삶의 자리 속에서 보고 들은 사건, 생각, 심리변화

* 읽기(Perusing)/ 묵상 메시지를 읽고, 천천히 성서를 정독하기

* 찾기(Inquiring)/ 본문 속에서 하나님과 인생의 모습을 찾아 기록하기

* 묵상(Meditation)/ 나, 너, 그리고 우리의 자화상을 깨닫고 기록하기

* 나눔 Ⅱ(Sharing)/ 묵상을 통해 얻은 깨우침을 나누고 기록하기

* 찬양과 기도

세 부류의 사람들

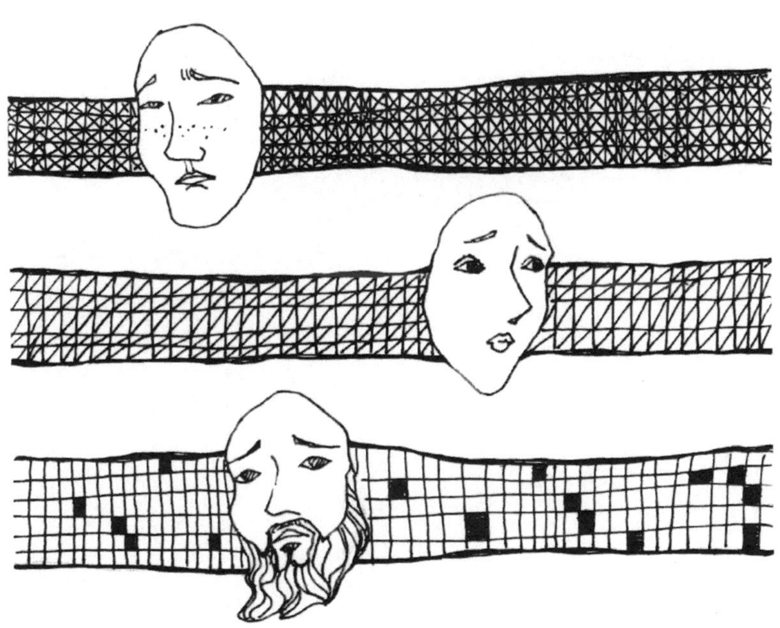

<묵상 본문> 창세기 19:14~16

롯이 나가서 그 딸들과 결혼할 사위들에게 말하여 이르기를 여호와께서 이 성을 멸하실 터이니 너희는 일어나 이곳에서 떠나라 하되 그의 사위들은 농담으로 여겼더라.

동틀 때에 천사가 롯을 재촉하여 이르되 일어나 여기 있는 네 아내와 두 딸을 이끌어 내라. 이 성의 죄악 중에 함께 멸망할까 하노라. 그러나 롯이 지체하매 그 사람들이 롯의 손과 그 아내의 손과 두 딸의 손을 잡아 인도하여 성 밖에 두니 여호와께서 그에게 자비를 더하심이었더라.

<묵상 메시지>

오늘 본문 속에서 세 부류의 사람들을 보게 됩니다. 첫 번째 부류는 하나님의 말씀을 믿지 않는 사람들입니다. 롯의 두 사위들은 하나님께서 소돔 성을 멸하실 것이라는 장인 롯의 말을 전해 듣고도 그 말을 믿지 않고 농담으로 여기고 있습니다. 왜 그랬을까요? 그들의 눈에는 소돔의 화려한 번영만이 보이고 있었기 때문일 것입니다.

'이렇게 잘 나가고 있는데 멸망이라니… 그리고 도시에 재난이 닥칠 만한 그 어떤 전조도 지금까지 보이지 않았는데 무슨 소리야.… 도대체 소돔이 멸망받을 만한 이유가 뭔데?…'

아마도 그들은 이러한 생각을 했지 않을까 싶습니다. 이러한 부류의 사람들은 보이는 것만 믿기에 신(神)이나 계시, 말씀 같은 것은 모두 추상적인 개념으로서 인간의 나약함에서 비롯된 부산물이라고 생각합니다. 그들에게 있어서 신이란 과학적으로 혹은 이성적으로 증명되어진 결과물, 즉 고도로 발전된 문명의 꽃을 피워 낸 인간의 힘, 그것이 신이 됩니다.

두 번째 부류는 하나님을 믿되 자기 신앙이 없이 끌려 다니는 사람입니다. 롯의 아내와 두 딸에 대한 자세한 기록은 없지만 오늘 말씀 속에서 살펴본다면, 그들은 롯이 신앙이 있었기에 분명 어느 정도는 신앙적 영향을 받았을 것입니다. 하지만 자기 신앙 고백은 없기에 늘 이러저러한 사상과 신앙에 그 마음이 끌려다녔지 않았을까요? 그 결과 재앙으로부터의 구원도 아버지의 손에 이끌려 소돔 성 밖으로 나갈 뻔하다가, 천사의 손에 이끌려 구원받게 되었지 않나 하는 생각이 듭니다.

세 번째 부류는 하나님의 일을 하되 여러 가지 이유로 지체하는 사람입니다. 롯은 천사들에게 분명하게 소돔 멸망 소식을 듣습니다. 여기서 그의 임무는 가족과 사위를 데리고 성을 떠나는 것입니다. 하지만 두 사위를 설득하는데 실패하게 됩니다. 그랬으면 어서 가족들과 함께 소돔 성 밖으로 나갈 것이지 그는 동틀 무렵까지 성 밖으로 나가지 않고 있습니다. 기다리다 지친 천사들이 롯과 가족들을 성 밖으로 이끌어 내게 됩니다.

도대체 밤새도록 뭐하고 있었을까요? 그가 무엇을 하느라 지체하였는지는 기록이 없어 알 수는 없으나 그의 성향으로 볼 때, 많은 재산과 그동안 쌓아 왔던 명예 등과 같은 것으로 인해 갈등하며 시간을 보내지 않았을까 합니다.

우리는 오늘 묵상을 통해 교회 밖의 자연인들과 교회 안의 신자들의 모습을 보게 됩니다. 동시에 세상 사람들이 하나님을 믿든 안 믿든 간에, 또 성도들이 어떤 모습으로 살아가든 간에 하나님은 그 계획과 섭리를 진행하고 계신다는 사실도 깨닫게 됩니다. 세상의 풍조가 어떻게 변하든지 끌려 다니지 말고, 지체하지 말고 오늘 내가 인간으로서, 하나님의 백성으로서 해야 할 일을 하는 삶이 되시기를 바랍니다.

〈Group 묵상 – P.I.M.S〉

* 찬양/ 성령의 임재를 위하여

* 나눔 I(삶)/ 삶의 자리 속에서 보고 들은 사건, 생각, 심리변화

* 읽기(Perusing)/ 묵상 메시지를 읽고, 천천히 성서를 정독하기

* 찾기(Inquiring)/ 본문 속에서 하나님과 인생의 모습을 찾아 기록하기

* 묵상(Meditation)/ 나, 너, 그리고 우리의 자화상을 깨닫고 기록하기

* 나눔 Ⅱ(Sharing)/ 묵상을 통해 얻은 깨우침을 나누고 기록하기

* 찬양과 기도

마음의 자리

<묵상 본문> 창세기 19:18~20, 23~26

롯이 그들에게 이르되 내 주여 그리 마옵소서 주의 종이 주께 은혜를 입었고 주께서 큰 인자를 내게 베푸사 내 생명을 구원하시오나 내가 도망하여 산에까지 갈 수 없나이다 두렵건대 재앙을 만나 죽을까 하나이다 보소서 저 성읍은 도망하기에 가깝고 작기도 하오니 나를 그 곳으로 도망하게 하소서 이는 작은 성읍이 아니니이까 내 생명이 보존되리이다.

롯이 소알에 들어갈 때에 해가 돋았더라 여호와께서 하늘 곧 여호와께로부터 유황과 불을 소돔과 고모라에 비같이 내리사 그 성들과 온 들과 성에 거주하는 모든 백성과 땅에 난 것을 다 엎어 멸하셨더라 롯의 아내는 뒤를 돌아보았으므로 소금 기둥이 되었더라

<묵상 메시지>

롯의 가족은 천사들의 도움으로 소알이라는 성읍으로 간신히 탈출하게 되고 그동안 지체되었던 소돔성의 심판이 드디어 시작됩니다.

우리는 이 심판의 과정 속에서 한 가지 깊이 있게 살펴보아야 할 것이 있습니다. 그것은 롯의 아내가 심판받는 모습입니다. 롯의 아내는 탈출 과정 속에서 멸망하는 소돔성을 바라보다가 소금 기둥이 되고 맙니다.

롯의 아내에 대하여 성서는 별 언급이 없습니다만 학자들 중에는 롯의 아내가 야훼 신앙을 알지 못하는 가나안 지역이나 애굽 출신일 거라고 추측을 합니다. 롯의 성향을 생각해 볼 때, 공감이 가는 주장이라 할 수 있습니다. 어쨌든 롯의 아내는 탈출 과정 중에 심판을 받게 됩니다. 그 이유는 무엇일까요?

오늘 본문에는 롯의 아내가 뒤를 돌아보았기 때문이라고 기록하고 있습니다. 그렇다면 '뒤를 돌아보았다'는 것은 과연 무엇을 의미하는 걸까요?

우선 오늘 본문에 나오는 소돔성의 멸망 모습을 생각해 봅니다. 오랫동안 정들어 살던 곳을 롯의 가족들은 천사들의 손에 이끌려 급하게 빠져나옵니다. 천사들은 그들에게 뒤도 돌아보지 말고 평지에 머무르지도 말고 어서 도망가라고 당부합니다. 롯의 가족들은 아직 동이 트기 전의 어스름한 새벽길을 더듬으며 발걸음을 재촉합니다.

얼마 지나지 않아 그들은 뒤에서 엄청난 굉음 소리를 듣게 됩니다. 이때 일반적으로 깜짝 놀라게 될 것이고 가던 길을 멈추고 뒤를 돌아보게 될 것입니다. 그것이 인간의 본능적인 반응이기 때문이지요. 다시 말해 롯의 가족들은 모두 가던 길을 멈추고 소리가 나는 소돔 쪽을 향해 돌아보았을 것입니다. 그런데 오늘 본문에는 롯의 아내만 뒤를 돌아본 것처럼 기록하고 있습니다.

여기서 우리는 '뒤를 돌아본다'는 의미가 단순히 놀라서 뒤를 돌아본다는 뜻이 아니라는 것을 생각해야 합니다. 오늘 본문에서 '돌아본다'는 '나바트'라는 단어는 '주의를 기울인다. 깊이 생각한다. 관심을 보인다'는 뜻을 담고 있습니다. 다시 말해 '나바트'라는 단어의 뜻은 주의를 기울이며 깊은 관심을 가지고 돌아본다는 의미인 것입니다. 여기서 우리가 알게 되는 것은 무엇입니까? 롯의 가족들이 모두 뒤를 돌아보았겠지만 롯의 아내의 뒤돌아봄은 그 의미가 다르다는 것입니다. 처음엔 모두 놀라서 뒤를 돌아보았겠지만 곧 그 사람의 본심이 드러나게 되었을 것입니다.

다른 가족들은 모두 하나님의 심판에 대한 두려움을 느끼며 바라보았을 것입니다. 하지만 롯의 아내는 뭔가 주의를 기울이며 깊은 관심을 가지고 바라보고 있습니다. 다른 사람들은 두려움에 몸서리를 치지만, 그녀는 뭔가 안타까워하며 발을 동동 구릅니다. 이러한 모습을 상상하며 우리는 무엇을 추측할 수 있을까요? 그렇습니다. 다른 가족들은 몸과 마음이 모두 소돔을 떠나 왔지만, 롯의 아내는 몸만 나왔을 뿐 그녀의 마음은 아직 소돔에 있다는 것입니다. 멸망의 자리에 마음을 두고 왔기에 그녀는 주의 깊은 관심을 소돔으로부터 떨쳐낼 수 없었던 것입니다. 한마디로 중심을 보시는 하나님께 딱 걸린 것이지요.

우리는 오늘 묵상을 통해 그게 무엇이든 우리의 마음이 가 있는 자리에 대해 생각해야 할 것 같습니다. 때때로 우리는 어떤 일을 하면서 거기에 마음을 함께 싣지 않고 하는 경우가 있습니다. 하나님께 예배할 때나, 전도할 때나, 봉사를 할 때나, 그 외 타인과의 만남이나,

우리의 직업적인 일을 하면서도 마음이 함께하지 않은 채 임할 때가
있습니다. 분명한 것은 하나님이나 사람들 모두가 이렇게 몸의 자리
와 마음의 자리가 다른 것을 싫어한다는 것이지요. 하여 우리의 일상
의 모든 관계들 속에 마음이 담겨진다면 지금보다는 훨씬 나은 교회
와 사회가 되지 않을까하는 생각을 하게 됩니다. 하루하루, 마음을 담
아 사람을 만나고, 마음을 담아 일하며, 마음을 담아 대화할 수 있었
으면 좋겠습니다. 야훼 삼마.

"너희 보물이 있는 곳에 너희 마음도 있으리라"(눅 12:34)
"무릇 지킬 만한 것보다 더욱 네 마음을 지키라 생명의 근원이 이
에서 남이니라"(잠 4:23)

〈Group 묵상 - P.I.M.S〉

* 찬양/ 성령의 임재를 위하여

* 나눔 I(삶)/ 삶의 자리 속에서 보고 들은 사건, 생각, 심리변화

* 읽기(Perusing)/ 묵상 메시지를 읽고, 천천히 성서를 정독하기

* 찾기(Inquiring)/ 본문 속에서 하나님과 인생의 모습을 찾아 기록하기

* 묵상(Meditation)/ 나, 너, 그리고 우리의 자화상을 깨닫고 기록하기

* 나눔 II(Sharing)/ 묵상을 통해 얻은 깨우침을 나누고 기록하기

* 찬양과 기도

익숙한 문화의 함정

<묵상 본문> 창세기 19:30~33

롯이 소알에 거주하기를 두려워하여 두 딸과 함께 소알에서 나와 산에 올라가 거주하되 그 두 딸과 함께 굴에 거주하였더니 큰딸이 작은딸에게 이르되 우리 아버지는 늙으셨고 온 세상의 도리를 따라 우리의 배필 될 사람이 이 땅에는 없으니 우리가 우리 아버지에게 술을 마시게 하고 동침하여 우리 아버지로 말미암아 후손을 이어가자 하고 그 밤에 그들이 아버지에게 술을 마시게 하고 큰딸이 들어가서 그 아버지와 동침하니라. 그러나 그 아버지는 그 딸이 눕고 일어나는 것을 깨닫지 못하였더라.

<묵상 메시지>

소돔에서 구사일생으로 탈출한 롯은 두 딸을 데리고 소알이라는 작은 성읍에 가서 살게 됩니다. 그러나 웬일인지 롯은 소알에서 사는 것이 두려워졌고 결국 딸들과 함께 산 속으로 들어가 동굴에서 거주하게 됩니다. 문제는 여기서 발생하게 됩니다. 롯의 두 딸이 참으로 기가 막힌 계획을 세운 것입니다. 아버지를 통해 후손을 이어 간다는, 한마디로 근친혼의 계획인 것입니다.

고대 근동 지역에서는 계대수혼법과 같은 근친혼을 인정하는 문화가 있었습니다. 그 시대는 전쟁이나 질병과 같이 특별한 상황이 인간의 안정된 삶을 뒤흔드는 경우가 많았기 때문입니다. 그래서 자손이 없는 경우 대를 이어 가기 위해 근친혼을 하기도 했습니다.

아마 롯의 두 딸들도 자신들의 상황을 그렇게 특별한 상황으로 인식하였기에 본문과 같은 계획을 세우지 않았나 하는 생각을 하게 됩니다. 하지만 그렇다고 해도 자신을 낳아 준 아버지와 근친혼을 하겠다는 마음을 먹는다는 것은 결코 쉬운 일이 아닐 것입니다. 왜냐하면 세상에 모든 사람들이 사라져 버린 것도 아니고 다른 도시에 가면 얼마든지 결혼해 살 수 있기 때문이겠지요. 그러나 롯의 딸들은 세상의 남자들이 자신들과 결혼하지 않을 거라고 낙심하며 근친혼의 마음을 품게 됩니다. 여기서 우리가 생각해 보아야 할 것은 롯의 두 딸이 세운 계획의 원인이 과연 어디로부터 비롯되었을까 하는 것입니다.

롯이 언제 결혼을 했는지는 알 수 없습니다. 그렇기에 그 딸들이 언제 어디서 태어났는지 모릅니다. 단지 추측해 볼 수 있는 것은 롯의 두 딸이 소돔에서 약혼을 한 것으로 보아 어느 정도의 기간 동안 소돔에서 자랐을 것이며 그곳의 문화에 익숙해져 있을 것이라는 겁니다. 이미 알려져 있다시피 소돔은 고대 근동 지역에서도 성적으로 자유분방한 지역으로 이름난 곳입니다. 그렇기에 소돔의 자유분방한 성적 문화는 롯의 딸들의 성적 가치관에도 많은 영향을 주었을 것입니다. 롯이 신앙으로 그 딸들을 교육시키려 했겠지만 롯의 미지근한 성향으로 볼 때, 그다지 신앙 교육은 성공적이지 못했을 것입니다. 때문에 그녀들의 가치관 형성에는 롯의 신앙적 영향보다는 소돔적 영향이 더 크게 작용했을 것이 분명해 보입니다.

오늘 본문에 나오는 큰딸을 보세요. 자신들의 후손을 위해 다른 대안은 생각해 보지도 않고 아버지와의 근친혼만을 유일한 해결책으로 제시하고 있습니다. 사람이 문제에 봉착하게 되었을 때, 대부분의 사람은 여러 가지 창조적 해결 방안을 생각하기보다는 자신에게 익숙해져 있는 환경을 통해 학습되어진 해결 방법을 찾게 됩니다. 롯의 두 딸들도 그렇다는 것입니다.

그녀들에게 익숙해져 있는 환경, 그것은 어떤 것일까요? 바로 소돔입니다. 그녀들은 자신들의 가치관 형성에 큰 영향을 주었던 소돔의 문화적 환경을 통해 학습되어진 해결책을 자연스럽게 찾게 된 것입니다. 그 결과 아버지와의 근친혼이라는 선택을 하게 되었다는 것이지요.

우리는 오늘 묵상을 통해 롯의 두 딸이 근친혼을 선택하게 된 그 배경을 깊이 생각해야 합니다. 현대를 살아가는 우리도 좋든 싫든 여러 가지 문화적 환경에 익숙해져 있기 때문이지요. 그렇기에 오늘 우리가 생각하고 선택하는 많은 것들도 나에게 익숙해져 있는 문화적 환경을 통해 학습되어진 모습일 수 있다는 사실을 생각해야 합니다. 만일 우리가 익숙해져 있는 문화가 경쟁을 부추기는 문화라면 우리는 경쟁에 익숙해질 것이며, 평화를 이루어 가려는 문화라면 우리는 평화에 익숙해질 것이며, 물질적인 부만을 부추기는 문화라면 우리는 물질적인 부에 익숙해질 것이며, 폭력을 부추기는 문화라면 우리는 폭력에 익숙하게 될 것입니다.

오늘 우리가 익숙해져 있는 문화 환경은 무엇일까요? 그리고 오늘

내게 익숙한 모습은 무엇인가요? 분명한 것은 오늘 내게 익숙해 있는
그 문화가 우리 자녀들에게도 익숙한 문화일 것입니다.

부디 우리에게 익숙한 문화가 사랑과 평화를 부추기는 문화가 되
기를, 그래서 세상 사람들이 보다 더 사랑과 평화, 그리고 정의에 익
숙하게 되기를 소원해 봅니다.

〈Group 묵상 - P.I.M.S〉

* 찬양/ 성령의 임재를 위하여

* 나눔 I(삶)/ 삶의 자리 속에서 보고 들은 사건, 생각, 심리변화

* 읽기(Perusing)/ 묵상 메시지를 읽고, 천천히 성서를 정독하기

* 찾기(Inquiring)/ 본문 속에서 하나님과 인생의 모습을 찾아 기록하기

* 묵상(Meditation)/ 나, 너, 그리고 우리의 자화상을 깨닫고 기록하기

* 나눔 Ⅱ(Sharing)/ 묵상을 통해 얻은 깨우침을 나누고 기록하기

* 찬양과 기도

반복되는 두려움

〈묵상 본문〉 창세기 20:1~7

아브라함은 그 곳을 떠나 네겝 쪽으로 자리를 옮겨가다가 카데스와 수르 사이에 있는 그랄에 이르러 거기에 정착하여 살게 되었다. 그때 아브라함은 아내 사라를 누이라고 했다가 사라가 그랄 왕 아비멜렉에게 불려 들어가는 변을 당하였다. 그날 밤 하느님께서 아비멜렉의 꿈에 나타나시어 "네가 맞아들인 여인으로 하여 너는 죽으리라. 그 여인은 남편이 있는 몸이다" 하고 이르셨다. 아비멜렉은 아직 사라를 가까이하지 않았으므로 이렇게 말하였다. 주여, 당신은 죄 없는 사람도 죽이십니까? 그들은 분명히 서로 오누이라고 했습니다. 저는 조금도 마음에 걸리는 일은 하지 않았습니다. 제 손은 깨끗합니다.

하느님께서 또 꿈에 그에게 말씀하셨다. 네가 마음에 걸릴 일을 하지 않은 줄은 나도 안다. 그러나 나에게 죄를 짓지 못하게 너를 지켜 준 이가 누군지 아느냐? 너로 하여금 그 여인을 건드리지 못하게 한 것은 바로 나다. 그러니 그 여인을 곧 남편에게 돌려보내라.

〈묵상 메시지〉

25년 전, 아브라함이 애굽으로 내려갔을 때 자신의 아내 사라를 누이라 속이는 바람에 애굽 왕실에 한바탕 소동이 일어난 적이 있습니다. 그런데 오늘 본문에도 같은 일로 인해 블레셋 왕실에 큰 소동이 일어나고 있습니다. 25년 전에도 아브라함은 자신의 생명을 잃게 될까 두려워 아내를 누이라 속였는데 25년이 지난 후에도 여전히 자신의 생명을 잃게 될까 두려워 아내를 누이라 속이고 있습니다.

우리는 아브라함의 이러한 모습을 보며 약간 혼란스럽게 됩니다. 영적 여행이 시작될 무렵인 25년 전이야 신앙이 깊지 않아 그럴 수 있다고 이해할 수 있지만, 25년 동안 산전수전 다 겪으며 하나님과 동행했던 흔적을 가진 오늘의 아브라함이 여전히 생명에 대한 두려움으로 다시 아내를 누이라 속이고 있다는 것은 잘 이해가 되지 않습니다. 그동안 아브라함은 그를 잘 알지 못하는 주변 성읍 사람들에게 서조차 인정받을 정도의 영적인 성숙을 이룬 영적 거장인데 어찌 이같이 비굴한 일을 반복할 수 있을까요?

약간의 혼란스러움은 있지만 아브라함의 모습을 통해 다시 한 번 연약한 인생의 모습을 보며 몇 가지 교훈을 얻게 됩니다.

첫째, 원치 않는 죽음에 대한 두려움은 신앙의 성숙과 반드시 일치하는 것은 아닙니다.

물론 신앙이 성숙한 사람이 죽음에 대해 좀 더 초연할 수 있는 조건은 갖추었다고 생각이 됩니다만, 그렇다고 해서 신앙 성숙이 원치 않는 죽음에 대해 초연할 수 있는 절대 조건은 아니라는 것입니다. 우리는 종종 신문 방송 매체를 통해 평범한 사람들이 위기에 처한 타인을 구하고 자신은 죽게 된 사연들을 접하게 됩니다. 그들 모두가 신앙이 성숙한 사람들이기 때문에 그렇게 된 것은 아닙니다. 원치 않는 죽음에 대해 초연할 수 있는 것은 신앙보다는 인간 내면에 있는 선한 본성들, 즉 사랑, 의로움, 용기, 희생 등과 같은 선한 가치관에 의해 결정된다는 것을 알게 됩니다.

둘째, 원치 않는 죽음은 우리가 피하려고 한다고 해서 피할 수 있는 것은 아닙니다.

아브라함이 자신의 아내를 누이라 속인 것은 원치 않는 죽음으로부터 피해 보려고 짜낸 방법입니다. 그러나 이렇게 했다고 해서 원치 않는 죽음으로부터 100% 자유로운 것은 아니지요. 아브라함의 생각과는 반대로 사람들이 아브라함을 제거하려 한다거나 아브라함 혼자만 추방하려 할 수도 있는 많은 변수가 있기 때문입니다. 우리 주변에서도 건강하게 장수하기 위해 여러 가지 노력했던 사람들의 원치 않는 죽음의 소식을 듣게 되는 경우가 종종 있습니다. 바로 이러한 운명의 변수 때문이지요. 그렇기에 하나님의 직접적인 개입하심이 있었기에 죽음을 피할 수 있었던 아브라함의 경우처럼 원치 않는 죽음에 대해 피하려고 노력은 하되 그 결과는 하나님께 맡기고 맘 편하게 살아가는 것이 더 바람직하다고 생각이 됩니다.

셋째, 두려움의 본질은 하나님과의 관계에 있습니다.

오늘 본문을 통해 보게 되는 아브라함의 두려워하는 모습은 지난 25년간, 하나님과 동행하며 살아왔지만 죽음에 대한 근원적 두려움을 해결하지 못했기에 나타나는 모습입니다. 이 말은 아브라함이 25년 동안이나 하나님과 동행하며 살아왔지만 자신의 삶과 죽음에 대한 모든 것을 온전히 맡기지 못한 채, 살아왔음을 의미하는 것입니다. 신앙의 본질은 하나님과의 관계입니다. 그 관계의 본질은 하나님과의 온전한 연합에 있습니다. 즉, 연약하고 불완전한 '나'는 사라져가고 전능하신 하나님이 내 안에 사시는 것입니다. 그렇기에 '나'는 할 수 없지만 '그분'은 할 수 있으며, 내가 사는 것이 아니라, 그분이 사는 것이라고 고백하게 되는 것입니다.

오늘 내게 있어 반복되는 두려움은 무엇인지요? 그것이 무엇이든 그 두려움을 가진 또 다른 '나'가 죽고 그 안에 그리스도의 부활이 이루어지길 바랍니다.

〈Group 묵상 - P.I.M.S〉

* 찬양/ 성령의 임재를 위하여

* 나눔 I(삶)/ 삶의 자리 속에서 보고 들은 사건, 생각, 심리변화

* 읽기(Perusing)/ 묵상 메시지를 읽고, 천천히 성서를 정독하기

* 찾기(Inquiring)/ 본문 속에서 하나님과 인생의 모습을 찾아 기록하기

* 묵상(Meditation)/ 나, 너, 그리고 우리의 자화상을 깨닫고 기록하기

* 나눔 II(Sharing)/ 묵상을 통해 얻은 깨우침을 나누고 기록하기

* 찬양과 기도

선지자의 반열

<묵상 본문> 창세기 20:7~8

이제 그 사람의 아내를 돌려보내라. 그는 예언자이다. 그가 너를 위해 기도하여 네가 죽지 않도록 할 것이다. 그러나 만일 네가 그 여자를 돌려보내지 않으면 너와 너에게 딸린 자들이 다 죽임을 당할 것이다 아비멜렉이 다음 날 아침 일찍 일어나 자기 신하들을 다 불러모으고 그 일을 말하자 그들이 몹시 두려워하였다.

<묵상 메시지>

블레셋 왕 아비멜렉의 집안에 큰 우환이 생겼습니다. 집안의 여자들이 출산을 하지 못하는 것이었습니다. 추측컨대 출산 날짜가 훨씬 지났지만 태아는 나오지 않고 계속해서 진통만 있는 현상이 집안 여자들에게 일어나지 않았나 싶습니다. 당시로서는 최고의 의료진을 동원해 보아도, 또 자신들이 숭배하는 신(神)에게 아무리 빌어 보아도 아무 소용이 없었겠지요. 이 정도 되면 걱정과 근심을 넘어 두려움의 수준이 아니었을까요? 바로 그 즈음, 하나님께서 아비멜렉의 꿈에 나타나셔서 사라를 데려간 행위에 대해 꾸짖게 됩니다. 그는 꿈을 깨고 나서야 비로소 자신의 집안에 닥친 우환의 원인을 깨닫고 사라를 돌려보내게 됩니다.

우리는 이러한 과정 속에서 아브라함을 바라보는 하나님의 시각을 보게 됩니다.

하나님은 아브라함을 어떻게 보고 계십니까? 7절의 말씀처럼 아브라함을 선지자로 보고 계십니다. 이것은 매우 경이로운 것입니다. 우리가 아는 아브라함은 영적으로 뛰어난 거장이기도 하지만 한편으로는 죽음이 두려워 꼼수를 쓰기도 하고 참을성이 부족해 인간적인 방법으로 하나님의 계획을 이루려다 실패도 겪는 나약함과 허물이 많은 사람입니다. 그런데도 하나님은 아브라함을 선지자라고 칭하시니 이 얼마나 경이로운 일인가요?

우리는 이러한 하나님의 아브라함을 바라보는 시각을 통해 오늘날 그리스도인들의 자리 또한 선지자의 자리에 있다는 것을 깨닫게 됩니다. 감당하기 힘들다구요? 아니 그렇지 않습니다. 우리가 비록 연약하고 허물 많은 모습으로 살아갈 때가 많지만 하나님은 아브라함을 바라보듯 그렇게 우리 그리스도인들을 보고 계십니다. 기복이 심해 은혜 받고 나면 마치 세상을 다 얻은 양 의기양양하며 살다가 작은 일에도 걸려 비틀거리지만 우리를 선지자의 반열에 세우신 것에는 변함이 없습니다. 인정하기 어렵겠지만, 우리가 예수를 그리스도로 영접한 순간부터 일어난 일입니다. 다만 우리가 우리의 구습을 온전히 벗어 버리지 못하고 자신에게 어떤 존재 변화가 일어났는지에 대해 둔감해 있기에 선지자의 직무와 기능을 제대로 발휘하지 못하며 살아가고 있을 뿐이지요.

그러므로 오늘 이 글을 읽으며 묵상하는 당신이 예수님을 구세주로 영접한 사람이라면 하나님은 당신을 선지자의 반열에 세우셨다는 것과 선지자의 기능을 기억해야 합니다.

선지자의 기능은 무엇입니까?

첫째, 듣는 것입니다. 즉, 하나님의 말씀을 들어 깨닫는 것입니다.

둘째, 전하는 것입니다. 즉, 듣고 깨달은 말씀을 사람에게 전하는 것입니다.

셋째, 적용하는 것입니다. 즉, 말씀을 듣고 깨달은 대로 살아가는 것입니다.

넷째, 기도하는 것입니다. 즉, 이 세상의 모든 살아 있는 것들을 위해 중보하는 것입니다.

선지자는 자신의 힘으로 세상을 사는 사람이 아닙니다. 약하지만 가장 강하게 하며, 가난하지만 가장 부요하게 하고, 어리석지만 가장 지혜롭게 하는 하나님의 계획과 섭리를 바라보며 사는 사람입니다. 바로 이것을 위해 예수 그리스도께서 고난 받으시고 부활하셨습니다.

우리 모두 힘들고 어려운 시기를 지나고 있지만, 선지자만이 누릴 수 있는 은혜가 모든 삶의 자리에 가득하기를 기도합니다. 야훼 삼마…

* 찬양/ 성령의 임재를 위하여

* 나눔 I(삶)/ 삶의 자리 속에서 보고 들은 사건, 생각, 심리변화

* 읽기(Perusing)/ 묵상 메시지를 읽고, 천천히 성서를 정독하기

* 찾기(Inquiring)/ 본문 속에서 하나님과 인생의 모습을 찾아 기록하기

* 묵상(Meditation)/ 나, 너, 그리고 우리의 자화상을 깨닫고 기록하기

* 나눔 II(Sharing)/ 묵상을 통해 얻은 깨우침을 나누고 기록하기

* 찬양과 기도

사랑과 무지(無智)

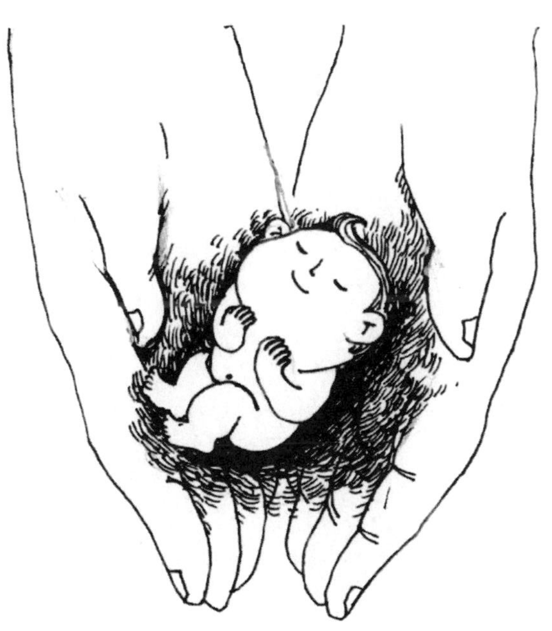

〈묵상 본문〉 창세기 21:1~7

여호와께서 말씀하신 대로 사라를 돌보셨고 여호와께서 말씀하신 대로 사라에게 행하셨으므로 사라가 임신하고 하나님이 말씀하신 시기가 되어 노년의 아브라함에게 아들을 낳으니

아브라함이 그에게 태어난 아들 곧 사라가 자기에게 낳은 아들을 이름하여 이삭이라 하였고

그 아들 이삭이 난 지 팔 일 만에 그가 하나님이 명령하신 대로 할례를 행하였더라

아브라함이 그의 아들 이삭이 그에게 태어날 때에 백 세라 사라가 이르되 하나님이 나를 웃게 하시니 듣는 자가 다 나와 함께 웃으리로다 또 이르되 사라가 자식들을 젖먹이겠다고 누가 아브라함에게 말하였으리요마는 아브라함의 노경에 내가 아들을 낳았도다 하니라

〈묵상 메시지〉

드디어 아브라함의 아내 사라가 아들을 낳게 되었습니다. 아브라함이 하나님의 말씀을 받고 하란을 떠난 지 25년 만에 일어난 일입니다. 누구든지 여행을 떠날 땐 마음이 설렐 것입니다. 하지만 여행이 점점 길어지고 그 끝이 언제일지 모르는 상태 속에서 생각지 못한 어려움들을 만나게 된다면 설렘은 사라지고 두려운 마음이 들어 어디 좋은 곳에 정착하거나 있던 곳으로 돌아가고 싶어지지 않을까요? 아마 아브라함과 그의 가족들도 그러했겠지요. 그러나 아브라함은 하나

님이 약속하신 가나안 땅 주변을 맴돌며 결코 떠나지 않습니다. 생각
지 못한 시련 속에서 때로는 인간적인 실수도 하지만 그 시련들을 견
뎌내며 약속이 이루어지기를 기다립니다. 그렇게 25년이란 긴 세월이
흘러간 것입니다.

그런데 이제야 자신의 아내에게서 아들이 태어난 것입니다. 그러
나 아들이 태어났다고 해서 하나님의 약속이 이루어진 것은 아닙니
다. 하나님의 약속은 이제부터 시작이라고 할 수 있는 것이지요. 도대
체 언제 자손의 번성과 그 이름의 창대함의 약속은 이루어지는 것일
까요? 25년이 지나서 아들을 주셨다면, 또 얼마만큼의 세월이 필요한
것일까요?

여기서 우리가 생각해 보아야 하는 것은 하나님의 계획과 시간입니다.

하나님은 25년 전, 아브라함에게 약속의 말씀을 주셨고 25년이 지
나서야 약속이 여전히 진행 중이라는 사실을 알리는 아들이 태어납
니다. 왜, 하나님은 금방 아들을 주지 않으시고 이렇게 긴 시간을 끄
신 걸까요? 전통적인 견해에 의하면 아브라함의 영적 성숙을 위한 훈
련기간이 필요했다는 것입니다. 즉, 하나님의 계획 속에는 아브라함
의 영적 성숙단계가 있었기에 수련 단계를 거친 후, 약속을 이어나갈
아들을 주셨다는 것이지요. 하나님이 보실 때, 만족할 만한 성숙의 단
계가 되었기에 아들을 주신 것이고 그 시간이 인간의 시간으로 25년
이 걸렸다는 것입니다. 이에 대해 성경은 여호와께서 말씀하신 대로
사라를 돌보셨고 여호와께서 말씀하신 대로 사라에게 행하셨으므

로… 말씀하신 시기가 되어 노년의 아브라함에게 아들을 낳으니…(창 21:1~2)라고 기록하고 있습니다.

우리는 오늘 묵상을 통해,
- 하나님은 말씀하시고 이루어 가시는 분이라는 것
- 그 계획은 하나님의 시간대에 맞추어 진행되어진다는 것
- 그 계획 속에는 우리의 영적 성숙이 포함되어 있다는 것을 깨달 게 됩니다.

바로 이것이 하나님께서 그 위대한 섭리를 이 세상 가운데 이루어 가는 방법이라는 것이지요. 왜, 꼭 그렇게 해야만 하느냐고 묻는다면 그것은 하나님만 아시는 것이겠지요.

우리는 왜 하나님이 아브라함을 선택하셨는지 모릅니다. 우리는 왜, 하나님의 역사를 보여주는 대표로서 이스라엘 민족을 선택하셨는지 모릅니다. 우리는 왜, 수천 년이 지나서야 예수 그리스도를 통한 구원의 역사를 이루어 가시는지 모릅니다. 우리는 왜, '나'를 부르셔서 예수님을 구세주로 믿고 하나님의 자녀가 되게 하셨는지 모릅니다. 우리는 왜, 이렇게 답답할 정도로 더디게 하나님의 섭리가 진행되어 가는지 모릅니다.

그러나 우리가 확실히 알 수 있는 것은 이 모든 것들은 인간을 향한 무차별적이고 무조건적인 하나님의 사랑 때문이라는 것과 그에 반에 우리는 하나님의 섭리에 대해 너무 많은 것들을 모르고 있다는

것입니다. 즉, 하나님 사랑과 그리고 인간의 무지… 이것만은 확실한 것 같습니다.

우리는 많은 것을 모르지만, 우리에게 주어진 모든 삶은 우리의 성숙을 위하여 주어지는 하나님의 은혜입니다. 푸시킨의 말처럼, 현재가 언제나 슬프게 다가올지라도 우리의 마음은 하나님의 약속이 이루어질 미래를 향했으면 좋겠습니다. 몸은 현재에 있지만 마음은 영원을 향해 있는 것… 이것이 믿음으로 사는 것 아닐까요…

〈Group 묵상 - P.I.M.S〉

* 찬양/ 성령의 임재를 위하여

* 나눔 I(삶)/ 삶의 자리 속에서 보고 들은 사건, 생각, 심리변화

* 읽기(Perusing)/ 묵상 메시지를 읽고, 천천히 성서를 정독하기

* 찾기(Inquiring)/ 본문 속에서 하나님과 인생의 모습을 찾아 기록하기

* 묵상(Meditation)/ 나, 너, 그리고 우리의 자화상을 깨닫고 기록하기

* 나눔 Ⅱ(Sharing)/ 묵상을 통해 얻은 깨우침을 나누고 기록하기

* 찬양과 기도

총 맞은 것처럼

〈묵상 본문〉 창세기 21:12~20

하나님이 그에게 말씀하셨다. "그 아들과 그 어머니인 여종의 일로 너무 걱정하지 말아라. 이삭에게서 태어나는 사람이 너의 씨가 될 것이니, 사라가 너에게 말한 대로 다 들어 주어라. 그러나 여종에게서 난 아들도 너의 씨니, 그 아들은 그 아들대로, 내가 한 민족이 되게 하겠다" 다음날 아침에 일찍, 아브라함은 먹거리 얼마와 물 한 가죽부대를 가져다가, 하갈에게 주었다. 그는 먹거리와 마실 물을 하갈의 어깨에 메워 주고서, 그를 아이와 함께 내보냈다. 하갈은 길을 나서서, 브엘세바 빈 들에서 정처 없이 헤매고 다녔다. 가죽부대에 담아 온 물이 다 떨어지니, 하갈은 아이를 덤불 아래에 뉘어 놓고서 "아이가 죽어 가는 꼴을 차마 볼 수가 없구나!" 하면서, 화살 한 바탕 거리만큼 떨어져서, 주저앉았다. 그 여인은 아이 쪽을 바라보고 앉아서, 소리를 내어 울었다.

하나님이 그 아이가 우는 소리를 들으셨다. 하늘에서 하나님의 천사가 하갈을 부르며 말하였다. "하갈아, 어찌 된 일이냐? 무서워하지 말아라. 아이가 저기에 누워서 우는 저 소리를 하나님이 들으셨다. 아이를 안아 일으키고, 달래어라. 내가 저 아이에게서 큰 민족이 나오게 하겠다" 하나님이 하갈의 눈을 밝히시니, 하갈이 샘을 발견하고, 가서, 가죽부대에 물을 담아다가 아이에게 먹였다. 그 아이가 자라는 동안에, 하나님이 그 아이와 늘 함께 계시면서 돌보셨다. 그는 광야에 살면서, 활을 쏘는 사람이 되었다.

이스마엘은 하나님의 계획을 빨리 이루어 보려 했던 아브라함과 사라의 인간적인 계획과 방법을 통해 태어난 사람입니다. 즉, 아브라함과 사라가 실수만 하지 않았더라면 이 세상에 태어나지 않았을 수도 있는 사람이었다는 것입니다. 그렇기에 어찌 보면 이스마엘은 불행한 사람이라는 생각도 듭니다. 아브라함과 사라의 큰 기대 속에 태어났지만, 적자(嫡子)가 아니라는 이유로 얼마 지나지 않아 적자(嫡子)로 태어난 이삭에게 계승 서열에서 밀리게 되고 결국은 그 모친 하갈과 함께 쫓겨나게 되지요.

오늘 본문 속에는 확연하게 "이거다." 라고 말하기는 어렵지만, 장자 계승을 놓고 치열하게 신경전을 벌이는 사라와 하갈, 그리고 그 가운데서 사춘기의 시절을 보내고 있을 이스마엘의 모습이 보이는 듯합니다. 사람이 사는 거, 예나 지금이나 다 비슷할 테니까요.. 어쨌든 장자 계승 문제로 고민하는 두 여인 때문에 이스마엘의 유년 시절은 편하지 않았을 것이고 게다가 이삭이 태어 난 후 부터는 아버지 아브라함의 관심 속에서도 밀리는 자신을 보며 많이 힘들었을 것입니다. 그러니 아버지의 사랑과 관심을 독차지 하는 이삭이 곱게 보일 리가 없겠지요. 틈만 나면 이삭을 괴롭혔을 게 불 보듯 뻔 합니다. 그러던 어느 날, 이스마엘은 청천벽력 같은 소리를 듣게 됩니다. 아버지가, 자기를 낳아 준 아버지가 엄마를 향해 자신을 데리고 나가라는 겁니다. 그때 이스마엘은 무슨 생각을 했을까요? 원망, 분노, 복수…? 어쩌면 총 맞은 것처럼 이라는 노래 가사처럼 너무 아파서 아무 것도 생각이 안 났을지도 모르지요. 그렇게 별 말도 못하고 두 사람은 정든 집을 떠났을 겁니다.

여기까지만 생각 하면 가슴이 아픕니다. 어떤 사람들이 볼 때, 그는 태어나지 말았어야 할 실패작일 수 있겠지요. 하지만 하나님은 그를 통해 지구상의 수많은 민족 중에 한 민족을 이루어 가도록 계획을 세우십니다. 이스마엘과 하갈은 쫓겨나면서 왜 자신들이 이렇게 엄청난 시련을 당해야 하는지 서럽고 슬프고 억울함에 눈물을 참지 못했을 것입니다. 그러나 때를 따라 도우시는 하나님의 손길을 경험하며 자신들이 버림 받은 것이 아니라 또 다른 하나님의 섭리를 이루어가기 위한 과정을 겪었다는 사실을 깨달아 가게 되었을 것입니다.

우리가 오늘 말씀을 통해 보아야 할 것은 하나님의 섭리에 대한 시각입니다.

하나님은 그 어느 것에도 얽매이지 않는 자유로운 분입니다. 따라서 그 분의 섭리 또한 우리 인간의 시각으로 제한하거나 단정할 수 없는 것입니다. 그런데 우리 인간은 그렇게 합니다. 자기들의 오해와 실수로 이스마엘을 만들어 놓고 이스마엘은 하나님의 뜻이 아니었다고 하며 그 존재 자체를 부정하려 합니다. 뿐만 아니라 어느 특정한 인종이나, 특정 부류의 사람들을 하나님이 열등하게 만드셨다고 생각한다거나, 자기들만 하나님의 사랑을 받고 있다고 생각한다거나, 자신들이 예수님을 믿기 때문에 자기들을 통해서만 하나님의 역사가 이루어질 거라고 생각하고 예수 믿지 않는 사람들을 적대시 한다거나 하는 등등의 편협한 시각으로 하나님의 섭리를 제한하고 단정 지으려 합니다.

하지만 눈을 들어 대자연의 오묘한 모습을 바라만 보아도 우리의 이러한 시각들이 얼마나 작고 초라한 것인지 금방 드러납니다.

하나님 지으신 삼라만상의 이치도 제대로 이해 못하면서 어찌 그것을 지으신 하나님의 섭리를 제한하며 단정하리요… 아니, 나도 나를 다 모르고 살아가면서 어찌 나를 지으신 하나님의 섭리를 안다고 단정할 수 있으리요.

그러므로 아브라함도 하나님이 말씀해 주시기 전까지는 아무것도 알 수 없었고 이스마엘도 살아가면서 하나님의 역사를 경험하기 전까지는 자신을 향한 섭리를 깨달을 수 없었듯, 오늘 아프다고 해서 그게 전부가 아니요, 오늘 억울하다 해서 그게 전부가 아니요, 오늘 슬프다고 해서 그게 전부가 아닌 것입니다. 오늘의 '이것'이, 내일 하나님 섭리의 '그것'이 될 수 있음을 깊이 생각해야 합니다.

오늘 정치도 경제도 사회도 교육도 종교도 여기저기 총 맞은 것 같은 깊은 아픔들이 배어 나오고 있지만 예수 그리스도 안에 있는 생명수는 그 아픔들을 치유하며 하나님의 선한 섭리를 이루어가게 할 것입니다.

이 작은 믿음으로 교회와 나라와 세계를 위해 두 손을 모아 봅니다.

〈Group 묵상 - P.I.M.S〉

* 찬양/ 성령의 임재를 위하여

* 나눔 I(삶)/ 삶의 자리 속에서 보고 들은 사건, 생각, 심리변화

* 읽기(Perusing)/ 묵상 메시지를 읽고, 천천히 성서를 정독하기

* 찾기(Inquiring)/ 본문 속에서 하나님과 인생의 모습을 찾아 기록하기

* 묵상(Meditation)/ 나, 너, 그리고 우리의 자화상을 깨닫고 기록하기

* 나눔 Ⅱ(Sharing)/ 묵상을 통해 얻은 깨우침을 나누고 기록하기

* 찬양과 기도

너나 잘하세요

〈묵상 본문〉 창세기 21:22~34

그때에 아비멜렉과 그 군대 장관 비골이 아브라함에게 말하여 이
르되 네가 무슨 일을 하든지 하나님이 너와 함께 계시도다. 그런즉
너는 나와 내 아들과 내 손자에게 거짓되이 행하지 아니하기를 이제
여기서 하나님을 가리켜 내게 맹세하라 내가 네게 후대한 대로 너도
나와 네가 머무는 이 땅에 행할 것이니라.

〈묵상 메시지〉

블레셋 왕 아비멜렉은 자신의 군대 장관(국방장관)과 함께 아브라
함을 찾아와 언약 맺기를 요구합니다. 그가 체결하고자 하는 언약은
일종의 상호 불가침 조약과 같은 정치적 계약입니다. 이 사건은 아브
라함에게 있어 중대한 의미를 갖는 것이라 할 수 있습니다. 왜냐하면
오늘 본문과 같은 계약은 집안의 가장끼리 체결한 것이 아니라, 그
당시로서는 가나안 땅의 큰 영향력이 있는 블레셋이라는 부족국가의
왕과의 계약이기 때문입니다. 그러니까 이번 계약은 아브라함이 주변
강대국 사이에서 부족장으로서 인정을 받는 아주 의미 있는 계약인
것입니다. 아브라함이 가나안 땅에 들어온 지 25년 만에 일어난 사건
입니다.

아브라함은 오늘 계약을 맺으며 지난 25년간의 순간들이 주마등처
럼 떠올랐을 것입니다. 오직 하나님의 약속만 의지하며 두려움과 비

굴함을 감내해 내야했던 그 날들… 어쩌면 오늘 계약 사건은 많은 어려움 속에서도 실낱같은 믿음의 끈을 놓지 않고 버텨왔던 아브라함에게 하나님께서 주시는 환경적 위로이자 선물이 아니었을까요?

우리는 오늘 말씀을 통해 그리스도인으로서 살아가고 있는 우리 자신의 모습을 돌아보게 됩니다.

아비멜렉은 그동안 아브라함을 지켜보며 무슨 일을 하든지 하나님이 함께 하시는 모습을 보았으니 서로 후대하며 살자고 말합니다. 이것은 아브라함을 하나님의 백성으로서 혹은 선지자로서 인정하며 자기들에게 복을 가져다주는 사람이라는 것을 인정하는 모습이라 할 수 있는 것입니다.

오늘날 우리 그리스도인들은 세상 사람들에게 어떤 평가와 인정을 받고 있는지요.

얼마 전, 새로 지은 상가 건물을 알아보는 중에 참으로 충격적인 말을 들었습니다. 예배당의 용도로는 세를 주지 않겠다는 것입니다. 이유는 교회가 들어오면 속만 썩인다는 것이지요. 월세도 제 때 내지 않고 뭐든지 비협조적이라는 것입니다. 물론 다 그런 것은 아니겠지만, 오늘 교회와 그리스도인들이 일반 사람들에게 어떻게 비쳐지고 있는가에 대해 생각하게 했습니다.

오늘날 일반 사람들은 교회와 그리스도인들에게 대해 우호적일까요? 비판적일까요?

많은 사람들이 억울한 눈물을 흘리며 살아가고 있을 때, 그리스도 인들은 내게 주신 평안에 감사나 하며 살면 되는 걸까요? 눈 덩이 처럼 불어나는 각종 문제들로 인해 사회적으로 혼란한 가운데 살면서 자기만 피해가면 된다고 생각하며 그저 자신의 안위만 위해 기도하 며 살면 되는 걸까요? 줄 세우기식 교육과 무한 경쟁을 부추기는 풍 토 속에서 그저 내 자식만 좋은 대학 가면 된다고 입시 때마다 교회 에 모여 기도하면 되는 걸까요? 수많은 사람들이 촛불을 들고 거리로 나와 정부의 정책이 잘못된 것이라고 외칠 때, 장로 대통령이기에 무 조건 감싸며 살면 되는 걸까요? 이유야 어떻든 용산 철거 현장에서 사람이 6명이나 죽었는데도 교회와 그리스도인들이 예배만 하며 아 무 일도 아니라는 듯, 혹은 왜 이렇게 과격하게 시위하는 거야 하는 눈빛으로 살아도 되는 걸까요? 이런 교회와 그리스도인들을 일반 사 람들은 어떤 마음으로 바라보고 있을까요? 만일 내가 일반 사람이라 면 전도지 들고 찾아와 예수 믿으라는 사람을 보면 이렇게 말할 것 같습니다. "너나 잘 하세요"

암울했던 일제 강점기 시절, 교회가 민족을 위해 일어섰던 그때가 그립습니다. 핍박을 받았지만 그래도 그때는 교회가 살아 있었으니까 요. 3.1운동 때 앞장서서 대한 독립 만세를 외치던 독실한 크리스천 유관순 누나가 그립습니다. 우리나라를 찬탈한 주범이었던 이토 히로 부미를 향해 총을 겨누며 자신의 신앙과 조국애를 보여 주었던 안중 근 의사가 그립습니다.

경제라는 미명 아래, 모든 불합리한 것들이 용인되는 것을 오늘날

교회와 그리스도인들이 그냥 보고만 있다면 우리는 훗날, 역사의 심
판을 받게 될 것이며 하나님께서도 이러한 한국교회를 그냥 두시지
않을 거라는 생각이 듭니다.

　제발 한국 교회와 크리스천들이 아브라함의 복만 추구하지 말고
그가 걸어왔던 삶의 여정들을 통해 하나님의 음성을 듣고 성숙해 지
기를 소원해 봅니다.

　십자가의 과정 없이는 부활의 영광도 없다는 이 단순한 진리가 한
국 교회 안에 되살아나기를 기도합니다.

〈Group 묵상 – P.I.M.S〉

* 찬양/ 성령의 임재를 위하여

* 나눔 I(삶)/ 삶의 자리 속에서 보고 들은 사건, 생각, 심리변화

* 읽기(Perusing)/ 묵상 메시지를 읽고, 천천히 성서를 정독하기

* 찾기(Inquiring)/ 본문 속에서 하나님과 인생의 모습을 찾아 기록하기

* 묵상(Meditation)/ 나, 너, 그리고 우리의 자화상을 깨닫고 기록하기

* 나눔 Ⅱ(Sharing)/ 묵상을 통해 얻은 깨우침을 나누고 기록하기

* 찬양과 기도

관계의 변화

<묵상 본문> 창세기 22:1~8

그 일 후에 하나님이 아브라함을 시험하시려고 그를 부르시되 아브라함아 하시니 그가 이르되 내가 여기 있나이다 여호와께서 이르시되 네 아들 네 사랑하는 독자 이삭을 데리고 모리아 땅으로 가서 내가 네게 일러 준 한 산 거기서 그를 번제로 드리라 아브라함이 아침에 일찍이 일어나 나귀에 안장을 지우고 두 종과 그의 아들 이삭을 데리고 번제에 쓸 나무를 쪼개어 가지고 떠나 하나님이 자기에게 일러 주신 곳으로 가더니 제삼일에 아브라함이 눈을 들어 그 곳을 멀리 바라본지라 이에 아브라함이 종들에게 이르되 너희는 나귀와 함께 여기서 기다리라 내가 아이와 함께 저기 가서 예배하고 우리가 너희에게로 돌아오리라 하고

아브라함이 이에 번제 나무를 가져다가 그의 아들 이삭에게 지우고 자기는 불과 칼을 손에 들고 두 사람이 동행하더니 이삭이 그 아버지 아브라함에게 말하여 이르되 내 아버지여 하니 그가 이르되 내 아들아 내가 여기 있노라 이삭이 이르되 불과 나무는 있거니와 번제할 어린 양은 어디 있나이까 아브라함이 이르되 내 아들아 번제할 어린 양은 하나님이 자기를 위하여 친히 준비하시리라

<묵상 메시지>

오랫동안 기다려왔던 아들도 얻었고 상속문제로 인해 집안 불화로 번질 수 있는 이스마엘과 하갈의 문제도 해결되었고 게다가 강력한

주변 부족과의 동맹도 맺었으니 아브라함에게는 더 이상 바랄 것이 없는 듯이 좋아 보입니다. 하지만 바로 이 때, 아브라함은 청천벽력과도 같은 하나님의 음성을 듣게 됩니다.

하나님이 약속의 자녀로 주셨던 이삭을 번제로 바치라는 것입니다.

이삭이 어떤 아들입니까?

25년이라는 긴 세월을 기다리며 우여곡절 끝에 얻게 된 약속의 자녀 아닌가요? 그것도 하나님의 개입하심을 통해, 기적이라는 통로를 통해 얻게 된 아들 아니냐 말입니다. 그런데 그런 아들을 번제로 바치라니요…

도저히 이해가 되지 않는 하나님의 음성입니다. 더욱 놀라운 것은 이러한 하나님의 음성에 대한 아브라함의 반응입니다. 아마도 아브라함은 밤에 하나님의 음성을 들은 듯한데 바로 그 다음날 아침 일찍 이삭을 데리고 길을 떠난다는 것이지요.

그뿐만이 아닙니다. 번제할 양에 대하여 질문하는 이삭을 향해 '하나님이 자기를 위하여 친히 준비 하리라'는 이해하기 어려운 대답을 하고는 제단을 쌓고 이삭을 결박하여 주저하지 않고 칼을 들어 이삭을 죽이려 합니다. 결국엔 하나님의 개입하심을 통해 이삭 대신 수풀에 뿔이 걸린 숫양을 번제로 바치는 것으로 사건이 마무리 됩니다만 이러한 아브라함의 반응을 통해 우리는 이전과는 확실히 변화된 그의 모습을 보게 됩니다.

아브라함에게 어떤 변화가 일어난 것일까요?

믿음, 신앙, 사랑 등등의 여러 가지로 말할 수 있겠지만 아브라함의 혁신적인 변화를 아우를 수 있는 표현은 '관계의 변화'라고 말하고 싶습니다.

이삭을 낳기 전, 아비멜렉과 동맹을 맺기 전의 아브라함의 모습을 생각해 보세요. 그는 두려움, 조급증, 인간적인 생각으로 흔들리는 믿음의 여정을 걸어왔습니다. 하지만 오늘 그가 보여주고 있는 모습은 이전과는 다른 확고함과 결단, 그리고 이제는 뭔가 인생과 신앙에 대해 초연(超然)해진 듯한 모습입니다. 다시 말해 하나님의 말씀에 대해 심중에 작은 의구심이 있을지는 몰라도 나타나는 행동에 있어 전폭적으로 순종하는 모습이라는 것입니다.

그렇다면 무엇이 그를 이렇게 변화시킨 것일까요? 우리는 아브라함의 반응을 통해 그의 심령에 큰 변화가 있었음을 추측할 수 있습니다. 이전의 그는 믿음이 있었지만 주위 환경과 조건 그리고 연약한 인간적 심성으로 인해 하나님을 전인적으로 신뢰할 수 없었습니다. 그렇기에 그는 인생의 중요한 결단의 순간에 자신의 경험과 생각, 그리고 일반적인 상식에 의존할 수밖에 없었습니다. 하지만 그는 이러한 시행착오를 겪으면서 자신에 대한 하나님의 변함없는 사랑과 신뢰를 깨닫게 됩니다. 그 깨달음의 정점이 바로 이삭의 출생 사건과 블레셋 왕 아비멜렉과의 동맹 사건입니다.

아브라함은 이 두 사건을 겪으면서 심령의 큰 깨달음을 얻게 되었을 것입니다. 이삭의 출생 사건은 불가능을 가능케 하는 하나님의 전능한 능력에 대한 깨달음이요, 아비멜렉과의 동맹 사건은 주위 환경과 조건 그리고 연약한 심성으로 흔들리는 믿음을 가지고 있을지라도 변함없이 함께 하시는 아브라함을 향한 하나님의 신뢰성에 대한 깨달음입니다. 하나님의 전능한 능력과 자신을 향한 신뢰… 바로 이 깨달음이 아브라함의 심령에 큰 변화를 가져왔을 것입니다.

그동안 머리를 굴리며 살아 온 자신이 하나님의 전능성 앞에 적나라하게 드러나게 되었을 때 얼마나 부끄러웠을까요? 자신의 노력보다 훨씬 더 많은 부와 명성을 얻음으로 인해 풍족한 노년을 보내고 있는 아브라함에게 블레셋 왕 아비멜렉이 찾아와 '네가 무슨 일을 하든지 하나님이 너와 함께 하신다'라는 말을 했을 때, 자신의 노력과 수고에 대한 은근한 자긍심을 가졌을 아브라함은 얼마나 부끄러웠을까요? 머리 굴리며 사는 것의 피곤함과 부와 명예를 얻는 노력과 수고가 전적으로 하나님께 달려 있었다는 인간적 수고에 대한 헛됨을 크게 깨닫게 되었을 것입니다.

그리하여 아브라함은 인생과 신앙에 대해 초연한 마음으로 하나님을 바라보게 되었을 것입니다. '머리 굴리며 수고해 봐야 하나님 손바닥 안이구나…', '하나님이 계획하시고 그분이 이루시는구나…' 뭐 이런 마음 아닐까요?

바로 그즈음, 이러한 아브라함의 심령을 시험(test)하시려는 하나님의 음성이 들려오게 된 것이지요… 제게는 하나님의 말씀이 이렇게 들리는 듯합니다. '흠, 그래 네가 진짜로 그렇게 깨달았는지 한번 볼까? 만일 네가 정말 그렇게 깨달았다면 네가 사랑하는 아들 이삭을 번제물로 바쳐 보아라. 그래서 네 깨달음이 진짜인지 증명해 보거라…'

아브라함은 군소리 없이 이삭을 번제단에 결박하여 올려놓음으로서 자신의 깨달음을 증명해 보이게 됩니다.

이제 아브라함에게 있어 하나님은 주인이요 자신은 종입니다. 이제 아브라함에게 있어 하나님은 전능하신 왕이요 자신은 그 백성입니다. 이제 아브라함은 자신을 100% 신뢰하시는 하나님을 향해 100%의 신뢰를 보내게 된 것입니다. 즉, 관계의 변화가 일어난 것이지요.

말씀을 묵상하며 제 자신이 부끄러워집니다. 나는 아직도 환경과 조건에 흔들리며 중요한 결단의 순간에 내 경험과 지식, 그리고 일반적인 상식에 의존할 때가 더 많기 때문이지요.

아! 얼마나 더 많이 시행착오를 겪어야 아브라함처럼 깨닫게 될까요?

얼마나 더 많이 시행착오를 겪어야 머리 굴리지 않고 인생과 신앙에 대해 초연해지게 될까요? 아직도 내려놓지 못한 짐들이 너무 많은데 이삭을 내려놓는다는 것은 내게는 노스탤지어의 손수건 같습니다. 아니 그것도 내게는 너무 사치스런 장식인 것 같네요. 나는 아직 이삭이 무엇인지도 모르는데… 그렇기에 나는 아직 100% 하나님을 나의 주인, 전능하신 왕으로 신뢰하지 못하고 있겠지요…

이런 내 모습 속에서 우리 한국의 교회가 보입니다. 우리 대한민국이 보입니다.

아! 내가 바로 한국 교회였고, 내가 바로 대한민국이었네요.

오, 하나님 이런 나를 불쌍히 여기시고 깨달음을 주소서.

오, 하나님 이런 한국 교회를 불쌍히 여기시고 깨달음을 주소서.

오, 하나님 이런 대한민국을 불쌍히 여기시고 깨달음을 주소서…

〈Group 묵상 - P.I.M.S〉

* 찬양/ 성령의 임재를 위하여

* 나눔 I(삶)/ 삶의 자리 속에서 보고 들은 사건, 생각, 심리변화

* 읽기(Perusing)/ 묵상 메시지를 읽고, 천천히 성서를 정독하기

* 찾기(Inquiring)/ 본문 속에서 하나님과 인생의 모습을 찾아 기록하기

* 묵상(Meditation)/ 나, 너, 그리고 우리의 자화상을 깨닫고 기록하기

* 나눔 II(Sharing)/ 묵상을 통해 얻은 깨우침을 나누고 기록하기

* 찬양과 기도

정연웅

영남신학대학교 졸업
한일장신대학교 대학원 졸업
계명대학교 대학원 박사과정(Ph. D) 수료
현)『나무와 샘』성서문화연구원장

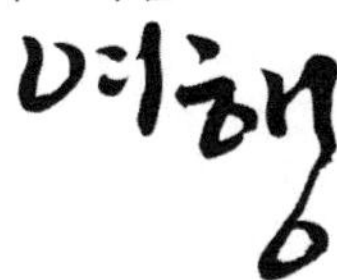

초 판 인 쇄 | 2011년 12월 1일
초 판 발 행 | 2011년 12월 1일

지 은 이 | 정연웅
펴 낸 이 | 채종준
펴 낸 곳 | 한국학술정보㈜
주　　　소 | 경기도 파주시 문발동 파주출판문화정보산업단지 513-5
전　　　화 | 031) 908-3181(대표)
팩　　　스 | 031) 908-3189
홈 페 이 지 | http://ebook.kstudy.com
E - m a i l | 출판사업부　publish@kstudy.com
등　　　록 | 제일산-115호(2000. 6. 19)

ISBN　　978-89-268-2799-4 93230 (Paper Book)
　　　　　978-89-268-2800-7 98230 (e-Book)

내일을여는지식 은 시대와 시대의 지식을 이어 갑니다.